绿水青山守护人

任初轩 ◎ 编

人民日报出版社
北京

图书在版编目（CIP）数据

绿水青山守护人 / 任初轩编 . -- 北京：人民日报出版社, 2025.7. -- ISBN 978-7-5115-8861-6

Ⅰ. K826.1

中国国家版本馆 CIP 数据核字第 2025MP4499 号

书　　名：绿水青山守护人
　　　　　LÜSHUI QINGSHAN SHOUHUREN
作　　者：任初轩

责任编辑：曹　腾　季　玮
特约编辑：赵宸萱
装帧设计：新成博创　XIN CHENG BO CHUANG

出版发行：人民日报出版社
社　　址：北京金台西路 2 号
邮政编码：100733
发行热线：（010）65369509　65369527　65369846　65363528
邮购热线：（010）65363531　65363527
编辑热线：（010）65369523
网　　址：www.peopledailypress.com
经　　销：新华书店
印　　刷：大厂回族自治县彩虹印刷有限公司
法律顾问：北京科宇律师事务所　（010）83622312

开　　本：710mm × 1000mm　　　1/16
字　　数：180 千字
印　　张：16.5
版次印次：2025 年 8 月第 1 版　2025 年 8 月第 1 次印刷

书　　号：ISBN 978-7-5115-8861-6
定　　价：58.00 元

代 序

山河万里，映照初心。

"要一体推进治山治水治气治城，全面加强防沙治沙和流域水土流失治理"。今年7月，习近平总书记在山西考察时殷殷嘱托。

"要持之以恒加强重点流域生态保护治理，深化污染防治攻坚，筑牢生态安全屏障。"2025年5月，习近平总书记在河南考察时明确要求。

为全局计，为长远谋。

从东北地区到青藏高原，从黄土高坡到东南沿海，一次次考察调研，一场场重要会议，习近平总书记心系人民福祉、瞩望民族未来，推动人与自然和谐共生的中国式现代化行稳致远。

"我国建设社会主义现代化具有许多重要特征，其中之一就是我国现代化是人与自然和谐共生的现代化，注重同步推进物质文明建设和生态文明建设。"

党的二十届三中全会《决定》提出："中国式现代化是人与自然和谐共生的现代化。必须完善生态文明制度体系，协同推进降碳、减污、扩绿、增长,积极应对气候变化,加快完善落实绿水青山就是金山银山理念的体制机制。"

……

这是阔步中国式现代化新征程的应有之义,也是全面推进强国建设、民族复兴伟业的战略抉择。

一部人类文明的发展史,就是一部人与自然的关系史。

习近平总书记对人与自然的关系有着深邃思考:"人与自然是生命共同体""人类对大自然的伤害最终会伤及人类自身,这是无法抗拒的规律"。

怎样建设人与自然和谐共生的中国式现代化?习近平总书记深刻阐述:

"我们建设现代化国家,走美欧老路是走不通的"。

"走老路,去消耗资源,去污染环境,难以为继!"

"生态文明是人类社会进步的重大成果。人类经历了原始文明、农业文明、工业文明,生态文明是工业文明发展到一定阶段的产物,是实现人与自然和谐发展的新要求。"

……

定位清,方向明。

推进人与自然和谐共生的现代化,必须加强党的领导。

"我国生态环境矛盾有一个历史积累过程,不是一天变坏的,但不能在我们手里变得越来越坏,共产党人应该有这样的胸怀和意志。"

生态文明体制改革全面深化、纵深推进,习近平总书记亲自谋划、亲自部署、亲自推动的中央生态环境保护督察,解决一些地方多年的生态环境"顽疾",成为督促地方落实生态环境保护责任的硬招实招。

推进人与自然和谐共生的现代化,必须坚持以人民为中心。

从"盼温饱"到"盼环保",从"求生存"到"求生态",人民群众对美好生活环境的向往更加强烈。

民之所盼,政之所向。在辽宁锦州,习近平总书记强调"生态文明建设最能给老百姓带来获得感";在山东日照,习近平总书记强调"生态环境好,老百姓就多了一份实实在在的幸福感"……朴实话语,谆谆嘱托,化成让"天更蓝、山更绿、水更清、环境更优美"的坚决行动。

推进人与自然和谐共生的现代化,必须锚定绿水青山和金山银山双赢目标。

"我们过去讲既要绿水青山,又要金山银山,实际上绿水青山就是金山银山。"2005年8月15日,时任浙江省委书记的习近平同志来到安吉县余村调研,提出"绿水青山就是金山银山"的"两山"理念。

2025年2月7日,习近平总书记在哈尔滨第九届亚洲冬季运动会开幕式欢迎宴会上的致辞中指出:"来到哈尔滨,我们真切感受到'冰天雪地也是金山银山'"。

"生态本身就是经济,保护生态就是发展生产力。""绿水青山既是自然财富,又是经济财富。"……

理念一变天地宽。今日中国,"绿水青山就是金山银山"成为全党全社会的共识共举,相关体制机制加快完善。全球最大、最完整的新能源产业链建成,2013年至2023年以年均3.3%的能源消费增速支撑年均6.1%的经济增长。

壮阔起笔，徐徐铺展。

"要站在人与自然和谐共生的高度谋划发展，通过高水平环境保护，不断塑造发展的新动能、新优势"。

以绿色为底色的中国式现代化道路，必将是一条经济发展和生态环境保护共赢之路。

人不负青山，青山定不负人。

目　录

——— CONTENTS ———

邵明安：为了大西北的绿水青山……………………… 吴月辉　001

张英善：一双手与100万棵树 ……………………… 柯仲甲　007

赵　平：我给野象当"跟班" ………………… 张　帆　杨文明　013

赵新全：放不下的三江源……………………………… 原韬雄　018

袁道先：85岁仍带学生野外科考……………………… 刘新吾　025

陈嘉佳："宁愿得罪人也不能得罪滇池"……………… 徐元锋　031

江　亿："冷暖"人生 ………………………………… 谷业凯　035

钱鸣高：采煤业如何更绿色…………………………… 谷业凯　042

苏　涛：测龄青藏高原………………………………… 叶传增　047

刘慧秀：穿行山林间　巧手除病害…………………… 吴　勇　052

王文采：为中国植物建档案…………………………… 吴月辉　056

周绪红：勾勒未来建筑的绿色模样…………………… 蒋云龙　061

杨敬元：不怕山路远　守护丛林间…………………… 吴　君　065

杨柏云："花在哪里开，我就去哪里" …………………… 戴林峰 070

王　浩：四十年，走遍大江大河………………………… 谷业凯 074

黄邦钦："一粟"之中读沧海……………………………… 颜　珂 079

阿达比亚特：我们的草原你的家………………………… 李亚楠 083

任继周："还想要多发一份光和热"……………………… 付　文 087

王军辉：孜孜育种　愿杉林葱茏………………………… 寇江泽 093

陈爱林：倾力守护"化石宝库"…………………………… 叶传增 098

胡永红：为城市种下有历史的树………………………… 黄晓慧 102

张希良：努力为全球气候治理贡献中国力量… 申　茜　何宇澈 106

齐绍洲：减少碳排放需要全民行动……………………… 吴　君 111

胡值朝："这里的每一棵树我都有感情"………………… 吴　君 116

胡福庆：8年，写下3000篇巡河日记 …………………… 窦瀚洋 121

周厚林：山林相依　植物相伴…………………………… 常碧罗 124

星耀武：下"笨功夫"解读植物演化密码………………… 杨文明 128

贾道尔吉：种下万亩林　为大地披绿…………………… 翟钦奇 132

付建平：与北京雨燕有个约定…………………………… 施　芳 137

杨希路：蒙山深处………………………………………… 厉彦林 141

吕　璐：用画笔为生态保护事业添彩…………………… 姚雪青 148

胡树文：把盐碱地变成米粮川………………… 赵永新　谷业凯 152

黄振芳：四十年种好守好一片林………………………… 王鉴欣 158

牛　洋：与高山植物同行………………………………… 杨文明 163

赵仕伟：苇海深处　守护鹤鸣…………………………… 胡婧怡　166

李树民：修复潮河生态　保护家乡环境……… 程　晨　杨泽英　170

张甘霖：为土壤建立数据库………………………………… 姚雪青　173

卢　琦：与沙漠"交手"　为治沙"开方"………………… 董丝雨　179

林冬梅：把"幸福草"带到更多地方……………………… 施　钰　185

广西涠洲岛珊瑚礁海洋公园保护管理团队：涠洲岛的"海底小纵队"

　　　　…………………………………………………… 李　纵　190

白熊坪保护站志愿者：这个熊猫护卫队，厉害！……… 张　文　195

黄河三角洲国家级自然保护区：守护，为了你最美的样子

　　　　………………………………………………… 潘俊强　201

密云水库：一泓碧水润京城……………………… 朱竞若　贺　勇　206

庐山植物园：镌刻在年轮里的足迹……………… 朱　磊　杨颜菲　213

安吉：看"绿水青山就是金山银山" ……………… 江　南　窦瀚洋　218

中国海洋大学师生团队：16年，种下2万多亩"海底草原"

　　　　…………………………………………………… 李　蕊　229

赵云鹏团队：探寻银杏的秘密…………………………… 窦瀚洋　236

四川雅安芦山县国有林场：圆叶玉兰"回归"记………… 游　仪　242

河北丰宁千松坝林场：20多年，种出又一个塞罕坝…… 张腾扬　247

为了大西北的绿水青山

◎ 吴月辉

> 1982年9月，26岁的邵明安只身踏上了从湖南长沙前往陕西杨凌的火车。他没想到，这一去就在黄土高原扎下根来，一待就是30多年。
>
> 30多年间，邵明安从一名普通的土壤物理学硕士成长为中科院院士和享誉国际的土壤物理学家。如今，曾经饱受风沙侵蚀的黄土高原日渐展现出碧水青山的新容颜，而这离不开邵明安的智慧和汗水。

30 多年里，他一直驻守在黄土高原，足迹遍布大西北

邵明安从小就爱玩泥巴，没承想长大后还真玩出了名堂。

因为深植心中的那份"泥巴"情结，1981年，物理系本科毕业的邵明安决定将物理与农业知识结合起来作为自己未来的研究方向。结果他如愿以偿，以优异的成绩考取了中国科学院西北水土保持研究所（以下简称水保所）的土壤物理学硕士研究生，在那里开启了自己的研究生涯。

此后的30多年里，邵明安一直驻守在黄土高原，足迹遍布大西北。

这期间，他不是没有机会离开。

1989年初，邵明安以高级访问学者身份在英国里丁大学和帝国理工学院进修。同年，在意大利召开的国际土壤物理学研讨会上，他的研究成果"土壤—植物—大气系统中水分应用及滞后效应影响"得到了多名国际知名土壤物理学家的充分肯定。

在完成访研任务后，邵明安原本有机会留在国外，但他还是选择了返回祖国。他说自己从来没有想过其他选择："在祖国，自己永远是主人。而在国外，人家出钱，完成的试验资料得交给人家。虽然可以赚更多的钱，但这种寄人篱下的感觉实在不好受。"

1992年11月，邵明安再次赴美国访问学习，于次年8月进入美国爱荷华州立科技大学攻读博士学位。

在攻读博士期间，邵明安在土壤物理方面做出了诸多理论突破，发表了十余篇论文，得到导师罗伯特·顿教授的高度赞赏。

毕业时，95%的同学都留在美国，有人说，邵明安大概也不会回到黄土高原了。然而，他的选择一如既往——回国。

如此选择不但源于初心,也因为一份语重心长的嘱托。1994年,时任中国科学院院长的周光召到美国参加会议,其间与邵明安见面恳谈,并鼓励他:"回到黄土高原去,回到大西北,那里大有可为。"

1996年5月13日,在博士论文答辩完成的第二天,邵明安就带着行李回到了祖国,回到了黄土高原。

凭着一股子拼劲儿和对科研的执着,在土壤物理学领域里一路深耕

研究土壤物理学,就得经常跟泥土打交道,在外人看来又脏又累又辛苦。但邵明安并不这么想,他对自己的科研工作忘乎所以地痴迷、执着。

1983年9月,邵明安开始从事"黄土区植物根系吸收土壤水分的数学模型和土壤水分有效性动力学"相关研究。为精确测量小麦根系在不同供水条件下的生长状况,他索性住进了温室,白天进行试验,晚上分析数据。

有一次,邵明安半夜惊醒,发现外面下雨了。他连忙起床冒雨将遮雨棚推到实验土柱上。由于当时供电设施简陋,380伏的电源插头裸露在地上,漏电的插头把他弹出2米多远。

"当时没有一个人发现我被电击了。"邵明安说,醒来后,他自己忍着疼痛,摸索着把遮雨棚盖好,才回到住处。

之后,为了研究的系统性,邵明安又额外增加了人工气候箱内的模拟试验。于是,他几乎所有的时间都投入到了工作中。最忙的日子里,他白天试验观测,晚上在温室里整理资料。

就是凭着这股子拼劲儿和对科研的执着，邵明安在土壤物理学领域里一路深耕，一路开花结果。他先后在国内外学术刊物上发表论文300余篇、出版专（编）著10部等，用自己的不懈努力为我国土壤物理学发展画上了浓墨重彩的一笔，并推动其走向国际前沿。

如今，邵明安即将步入花甲之年，但仍旧拼劲儿十足。

2015年11月，邵明安团队关于开展"黄土高原关键带水循环过程与空间异质性"研究项目获批启动。当时，正值寒冬，为了次年能尽早开展采样工作以及野外试验布设，邵明安带领团队立即着手准备。当月，他们从南至北跨越1000多公里，对不同气候区的典型土壤及土地利用类型进行了详细考察。

中科院地理科学与资源研究所副研究员贾小旭说："每到一个地方，邵老师都爬山、下沟观察当地土壤情况。即使与我们年轻人一起爬山，他也走在前面。"

陕北冬天格外寒冷，路面结了很厚的冰。邵明安乘坐的车辆由于路面太滑，险些发生事故。有人建议等天气暖和后再继续工作，但他仍然坚持把所有计划考察的样点如期调研完成后才返回。

基于前期如此一丝不苟的调查工作，此后整个团队的样品采集工作进展十分顺利，为研究工作提供了准确的第一手资料。

在有限的生命里为国家多做一点事，为大西北的绿水青山继续努力

邵明安在选拔和教授学生方面也有自己独特的方法。他结合自己在国外的求学经验，提出了"MICE科研观"。"MICE"即Mathematics（数学）、Idea（创意）、Computer（计算机）和English

（英语）等四个英语单词的首字母。

贾小旭说:"以数学为代表的基础科学在自然科学研究中非常重要，邵老师对学生这方面的能力非常重视。同时要求我们要有大胆的、新颖的想法和点子。他时常对我们说，做研究，不能只会做实验、写论文，要解决理论问题和实际问题，要做一些对人民、对国家有贡献的事情。"

邵明安喜欢种植物，常常开展一些有趣的试验，为学生们开展科学研究提供了很多思路。他经常在自己的小菜园里教学生松土、摘芽、嫁接，观察辣椒和红薯的生长以及蚂蚁、蚯蚓的行为习性。这让许多学生获得了意想不到的灵感。

中科院地理科学与资源研究所助理研究员王娇说:"在邵老师的指导下，我们有一位同学就是从蚂蚁搬土和挖洞的行为获得灵感，因而发表了多篇蚂蚁行为对土壤水分影响的论文，并获得相关领域专家的专门评述。"

邵明安至今承担着中国科学院大学"土壤物理学"的教学工作。即使在陕西杨凌工作期间，他也坚持每周跨越1000多公里，赶到北京为研究生们上课，积极批改同学们的课堂作业。当被问及每周如此奔波是否很辛苦时，他摇摇头说:"不辛苦不辛苦，我喜欢跟学生在一起！只要能够把知识传递给学生，我的心里就非常高兴。"

2017年9月5日，正在住院的邵明安受邀为中科院地理资源所2017级博士生作入学报告。他并没有因为要24小时随身携带动态血压计和动态心电图仪而推辞，特地向主治医生请了两个小时假赶去作报告。

贾小旭说:"两个小时下来，学生们的情绪高涨，和邵老师有很多互动。他们不知道的是，邵老师当时身上还挂着沉重的监测仪器。"

同事和学生们经常劝邵明安多休息、注意身体，他总说："人的一生太短暂，我想在有限的生命里为国家多做一点事，为祖国多培养一些接班人。我还会坚持下去，为大西北的绿水青山继续努力，还会带领更多年轻人致力于土壤物理学研究，争取让我们的下一辈青出于蓝而胜于蓝。"

邵明安的生活非常简朴，夏天常穿的是学术会议发的纪念衫，冬天则是一件穿了多年的冲锋衣。在多年的野外考察过程中，他严格控制考察的开支和行程，让考察经费的每一分钱都花在刀刃上。

他说："我们出来是工作的，花的每一分钱都是国家对科学事业的支持，我们不能辜负国家对我们的信任。"

《人民日报》（2018 年 09 月 15 日　第 6 版）

一双手与100万棵树

◎ 柯仲甲

> 一双手的力量有多大?
>
> 眼前这双普通的手,满布老茧、粗糙干裂,却几十年如一日,种下了100多万棵树。这双手的主人,就是62岁的林业工人张英善。
>
> 几十年来,这双神奇的大手,让山又绿了起来。

眼前这双手——手指肥大、关节突出变形，皮肤干硬得像是覆了一层又一层老茧，一道道纹路又粗又深，活脱脱一节历经几十年风雨的老树皮！

这双手的主人，是 62 岁的张英善——黑龙江伊春乌马河林业局一名普通的林业工人。几十年来，经这双手，有 100 多万棵树苗被栽种下来，长成满山的郁郁葱葱。

"树怎么可能'采之不竭、用之不尽'呢"

时间的坐标移动到 1975 年。

张英善加入了浩浩荡荡的"采山"大军。"采伐、跟车、集材、归楞……啥活都干过！"眼前的张英善干瘦佝偻，但精神头很好，"当年口号喊得震天响，'采之不竭、用之不尽'，两手感觉有使不完的劲。"

可砍着砍着没几年，这双大手就"使不上劲"了。"砍多、种少，眼瞅着山就越来越秃。"老人头一梗、手一摆，"树怎么可能'采之不竭、用之不尽'呢？这样下去，要断了子孙路啰。"

那时候的伊春确实"感冒发烧"了。开发建设几十年来长期"唯木独大"、把过量采伐森林当做"金山银山"，吃到了大苦头：产业结构严重畸形、可采资源又几乎枯竭……火车不再响，何来"黄金万两"？

多砍树还是多种树？对伊春来说这是一个必答题。为了治好"感冒"、持续发展，伊春开始采育兼顾。"砍还是照样砍，种树慢慢多起来了。"张英善也放下了斧头锯，揣着小镐头，加入到"种山"大军之中。

可让人头痛的问题又来了。"吃大锅饭,干多干少一个样,大家伙儿种树积极性不高。树苗成活率很低——'一年青、二年黄、三年见阎王'!"张英善痛惜地摇摇头,"我还亲眼见过有人完不成任务,就把剩下的树苗给埋土里了。"

"这样搞法有啥意思?还不如不种!"说话间,张英善那双大手又放在膝盖上了……

"倒要让人看看成活率到底咋样"

一年青、二年黄、三年见阎王?张英善偏就不信这个邪!

1981年,25岁的张英善主动向林场提出,承包育林!"挑个头种几十亩林子,倒要让人看看成活率到底咋样。"张英善不管不顾旁人的闲言闲语,一门心思就想把树种活种好,一口气就包了50多亩地。

"他这是自找罪受!"老伴燕大娘在一旁"数落"张英善,"说是承包经营,实际上也就比别人多挣一点工资。这哪是想着挣钱,还不是心疼栽不活的树?他就是倔!"

为了种好树,张英善很是和自己"过不去"。凌晨2点多,天还不见亮他扛着树苗进山了,山路崎岖,最远要走近2个小时;为了抢时间,在山上一待就是一天,馒头就点水就是全天伙食;春天林区湿度大,一天下来衣服就没有见干的时候……张英善回忆,有一回突降暴雨,浑身淋透,涨起来的水又把过河的木板给冲跑了,只能咬着牙蹚水过河,"那种冰冷刺骨的感觉,你们年轻人怕是体会不了"。

种树是个纯手工活儿,最遭罪的还是他那双手。"一天得种

1000多棵树。"张英善告诉记者，春天最好的栽种期只有半个月，要是不抓紧，树种不完，成活率也上不去。

一天种1000多棵树意味着什么？意味着张英善的双手要在土里反复插上几千次——挖坑得用手，坑里的小碎石得用手挑出来；为了不窝根，树苗得用双手小心翼翼送进坑里；泥土回填、压实、扶正，哪个环节都离不开手……哪怕是机械手，一天几千次下来都得"重启"，更何况这是一双肉长的手啊！

张英善的手，布满老茧，粗糙干裂。"这都是种树落下的！种树的时候，手就没见好过，几十年都这样。"燕大娘心疼地说，"为了治皲裂，每个关节都要缠上线，破了就再缠。好几个月过后，伤口才会慢慢愈合。"

就是这样一双不知疲倦、伤痕累累的大手，第二年就交出了让人叹服的成绩单。"开春林场一检查，树木成活率达到95%以上。"张英善挑了个好头，原先还在观望的一些工友也跟着干了起来，慢慢地整个乌马河林业局就开始推广这种做法，树木成活率随之高了起来。

"没想到这些年竟种了100多万棵树"

从1981年到2006年，张英善手上的皲裂反反复复不见好，背也慢慢往下弯，但他种树的脚步从未停过。20多年，他总共承包了4800多亩林地，不经意间就种下了一片绿色海洋。

"按一亩地平均200多棵树来算的话，自己都没想到这些年竟种了100多万棵树。"张英善腼腆地搓着手，"也不为啥，就是想着要把树种好。让山别秃了，给子孙留点绿。"

"原来啥也没有，你看现在这片林子多好啊！"寒冬时节，记者跟着张英善深一脚浅一脚地踩着厚厚的积雪进山，在一片落叶松前，他停下了脚步："瞧！这是我1985年种的树。"张英善双手抚着其中一棵粗壮的落叶松，就像对自己的孩子一般爱惜。

2011年，因为长期从事重体力劳动，55岁的张英善退休了，可他的手却闲不下来。

为了方便照看自己种下的树，他特地在林子旁建了个土房子。每到春天，张英善会骑着摩托车进山补种几千株树苗；秋冬季，他就徒步进山清理藤条灌木、捡拾垃圾。"这些灌木都得及时砍了，不然就跟树木抢养分了！"张英善一边挥着镰刀，一边介绍这是哪年种的、那又是哪年被风刮倒的，如数家珍……

离开张英善的绿色海洋前，记者忍不住又握住、端详这双伟大神奇的大手。

谁能说它不伟大呢？几十年如一日，就是这样一双和你我一样的手，竟然种下了100多万棵树。山又绿了起来，空气也因它而洁净，泥沙不再肆意乱窜。

谁又能说它不神奇呢？——按照科学测算，一公顷森林可以涵养降水约1000立方米，而张英善的双手足足种下了300多公顷森林！这双神奇的大手，一"捧"就"捧"住了30多万立方米的水，相当于一个小型水库的库容……河流因它而丰沛，河水也愈发洁净清澈。

张英善还有一点没想到。几十年来，越来越多和他一样的双手，创造了一个不大不小的"奇迹"——2007年，也就是他一次性把100多万棵树交给乌马河林业局的第二年，伊春森林资源历史性实现了"长"大于"消"。如今，伊春森林资源已有3.2亿立方米，森林覆盖率高达84.4%，在祖国北疆牢牢筑起了一道维护生态安全的防线。

无数双神奇的大手，让山又变绿了！

《人民日报》（2019年01月14日　第14版）

我给野象当"跟班"

◎ 张 帆 杨文明

46岁的赵平,是云南西双版纳勐海县勐往乡的一位野象监测员。做野象"跟班"8年,他已熟知野象的活动时间和路线,当发现大象靠近村寨,他就通过手机APP或短信提示群众。

近年来,旗舰物种亚洲象的保护也庇护了它们活动区域内的其他物种,让生物多样性更加丰富。

随着数量不断增加,野象常走出保护区,到村子里"寻衅滋事"。为了保证村民安全,当地用无人机监测象群行踪,并配备了专门的监测员开展人工监测。

望着象群慢慢远去的背影，赵平长舒一口气。给勐海县勐阿镇的野象监测员发完预警信息，他转身回村。

跟踪野象，是赵平工作的日常。在云南，有野象活动的区域，几乎都活跃着野象监测员的身影。

"林子还是那片林子，但是象多了"

野象暂时离开了勐往乡，赵平要趁着野象不在的这段难得的间隙，去核实村里的"象灾"情况。

亚洲象是国家一级重点保护野生动物，被世界自然保护联盟列为濒危物种。

1996年，赵平第一次见到野象群，兴奋了好几天。赵平说，早些年，村民点起火把吼叫驱赶，野象则一边向人类发出威胁警报，一边慢慢走回丛林；慢慢地，野象发现人类并不会真正伤害它们，反而开始反击人类。

"林子还是那片林子，但是象多了，林子里食物不够，野象被逼无奈才出来。"赵平说。他2011年开始做野象监测员时，在勐往乡活动的野象一共有11头，今年这群象已经有了15头，还有4头独象在象群周边游逛。

勐往象群是云南野生亚洲象种群的缩影。30年间，云南的野象从低谷时的180只左右增加到了300只左右。对于两年多才生一胎的亚洲象来说，这样的增长并不容易，这来源于当地持续开展的保护工作。

西双版纳的野象并不仅仅在我国境内迁徙。2006年以来，中国老挝双方通过多年合作，在边境一线建立了"中老跨境生物多样性联合保护区域",开创了建设生物多样性保护网络、构建生态廊道、开创国际合作的新局面。

"我见过的象群都有幼象,说明我国野生亚洲象数量已经进入平稳恢复、逐渐增加阶段。"西双版纳国家级自然保护区管护局科学研究所正高级工程师郭贤明说,如今,亚洲象的栖息地逐渐退化或消失,亚洲象可以吃的草本植物减少,对人类种植的高能量农作物和经济植物依赖越来越大。

这样的现象不止出现在勐海县。调查显示,超过六成的亚洲象生活在自然保护区外。

"以后当孩子们听到'曹冲称象'的故事,问我国还有大象吗,我们如何回答?"

赵平也说不清楚野象光顾勐往乡,自己到底是高兴还是悲伤。专家说亚洲象是"旗舰物种",有野象说明家乡生态不错。然而,望着被野象践踏采食过的田地,让人实在高兴不起来。赵平说,这两年政府开展野生动物肇事补偿,尽管补偿标准不算高,可总算给村民有了个说法。

为避免野象伤人,云南有过不少尝试:建防象围栏、挖防象沟,但是在高智商的野象面前,这些措施都以失败告终。

野象来勐往乡时,赵平几乎隔两三个小时就要去看一眼,生怕它们闯祸。发现大象靠近村寨或有人员活动的地区时,他就通过手机 APP 或短信提示群众。

做野象"跟班"8年,赵平已经熟悉了野象的活动时间和路线,但是,近距离跟踪象群并不轻松,"抬鼻子、竖耳朵、翘尾巴,这就表示它要攻击人了,得赶紧跑"。

"最近的一次，警戒象离我就6米！"他说。那次，一位村民跑来说自己刚骑着摩托车在村子附近遇到了象群，丢下摩托车跑回了村子，问他能否帮忙把摩托车找回来。为避免正面遭遇野象，赵平抄小路去查看，谁知正好遇上为象群放哨的警戒象。"幸好我反应快，撒腿跑了20多米才捡回条命。"他后怕地说，野象转身回去将摩托车踩了个稀烂。

这两年，赵平的工作比以前安全了些。2018年，勐海县建立第一个县级亚洲象监测预警平台，无人机结合地面人员跟踪，实现了对亚洲象监测的实时信息传输和及时预警。

不过，在勐海县亚洲象预警中心工作的郑璇表示，赵平这样的人工监测员依然不可或缺，"森林里的情况太复杂，枝叶茂密，小型无人机受损也比较多"。

"目前我国亚洲象的数量虽有增长，但仍然很稀少。"郭贤明表示，历史上，亚洲象从我国黄河流域退到偏居祖国西南一隅，如果不是强有力的保护，它们有可能会在中国境内消失，"以后当孩子们听到'曹冲称象'的故事，问我国还有大象吗，我们如何回答？"

郭贤明说，保护旗舰物种亚洲象的同时，实际上也保护了亚洲象活动区域内的其他物种。在为亚洲象建设的食物源基地，麂子、马鹿也频繁造访，连多年未发现的印度野牛也留下了清晰的影像资料，"亚洲象的迁徙通道，也成为其他动物的活动通道；保护了植被，食草动物数量增加，又为食肉动物提供了足够食物。保护好亚洲象，也就维护了整个生态系统的平衡。"郭贤明说。

人象和谐，靠投入也要靠制度

为了尽可能让野象远离村庄，2001年开始，西双版纳开展了亚洲象食源地建设，采取计划烧除等方式更新草本植物，人工种植亚洲象喜食植物，为亚洲象提供食物源。不过，受限于资金投入，食物源基地目前远满足不了亚洲象需要。不少食物源基地就在村寨周边，很难从根本上解决人象遭遇的问题。

在云南大学生命科学学院教授陈明勇看来，解决人象矛盾最好的方法是探索建立亚洲象国家公园，在远离村寨的地方外围建物理围栏、围墙等，把象和人类居住地隔开，"现在我们在部分村寨外建围栏，让野象进不了村，但这只是局部控制，野象不进入这个村还会滋扰下一个村，如果为野象划定一片相对更大的区域，能有效避免野象进入人类活动区，在此基础上引导群众依托国家公园发展生态友好产业，让群众在保护亚洲象的过程中实现脱贫致富"。

《人民日报》（2019年03月27日　第16版）

放不下的三江源

◎ 原韬雄

> 保护生态,要想获得持久的效果,必须解决经济发展的问题。
>
> 这是赵新全在三江源研究了几十年的课题。
>
> 本有机会留在四川,但是赵新全还是重返了他工作几十年的三江源。他,放不下那里的一草一木。

"在贫瘠的土地上，冬天藏羚羊有着何种利用食物的策略？"

"野牦牛体形比饲养的大，为什么牦牛驯化是'退化驯化'？"

"国家公园怎么体现文化遗产的稀缺性，启发民族自豪感？"

翻看中科院三江源国家公园研究院学术院长赵新全的微信朋友圈，全是他在考察现场的见闻与困惑。三江源的植物、动物、高原食物链、牧民、环境承载力，都是他关心的对象。

本有机会留在四川，但是赵新全还是重返了他工作几十年的三江源。他，放不下那里的一草一木。自大学毕业踏上高原开始，赵新全的心就住在了这里。他倾注精力最多的课题，是生态与发展怎样兼顾。作为三江源国家公园科学考察首席科学家，赵新全首次在系统和整体层次上构建了生态上健全可靠、经济上合理可行的一系列高寒地区退化生态系统恢复的优化模式和集成技术。有句话他常挂在嘴边："要解决野生动物的生存问题，必须要解决人的发展问题。"

过牧民的生活，摸清高原牲畜的季节体重变化

1982年，学畜牧兽医的赵新全一毕业，就坐上解放牌卡车，一路颠簸，来到中科院海北高寒草甸生态系统定位研究站。住破土房，旧仓库当实验室，做实验、写记录、饮风雪、串帐房，和牧民们在一起，学会喝大酒，唱藏歌。食物紧缺的时候，牧民为他斟上珍贵的酥油奶茶。

海北站条件艰苦，冬天寒冷刺骨。赵新全回忆，"刚去没有经验，到河里凿开冰窟窿打水，回来时手粘在桶把上，撕下来一层皮。"晚上在外面，为了预防野狗袭击，几个人相互扶着肩蹲着往前

摸。赵新全说，"我过的就是牧民的生活。"

一开始，赵新全和团队的主要工作是摸清高原牲畜的季节体重变化。海北站的100多只羊，每个月都要称重记录。赵新全说："羊劲儿很大，要骑在羊身上把住两只角，才能把羊控制住。称个三四只，汗水就浸透全身。"

"要说最惊险的一次，要数那次实验羊被盗事件。"赵新全回忆，一天下午，清点羊群数量时发现竟然少了几只！赵新全急红了脸，数量变了，实验数据就不准，一年的辛苦可就全白费了。一行四人马上出发，"有片沼泽唤作乱海子，我们4个人只能匍匐着一点点往前蹚"，赵新全说，一户户牧民问过去，半夜了还没有半点线索。寒风刺骨，他心里却烧着火：要是天亮后还没找到，羊都放出去吃草，那机会就更渺茫了。整整一夜，赵新全就没合眼。

早上8点多，幸运终于降临，几只脖子上带着血迹的羊引起了赵新全的注意。仔细一看，羊的耳朵都被扯破了，分明是耳朵上的实验牌被撕掉了。证据确凿，赵新全抱着羊，眼泪都快下来了。"赶着羊回来的时候，累得差点一头栽在地上。"他笑道。

看着实验数据，赵新全心头一直拧着个疙瘩：高寒地区的羊生长周期长，出栏率低。"青海的牧区，冬季长达7个月，到了1月份，羊连枯草都没得吃，甚至相互啃食羊毛，一来雪灾，羊群就得冻死。"传统高原牧业，牲畜的体重会在冬季下跌，如果夏天增重5公斤，到了冬天就得掉3公斤，牧民要收益，就得增加数量，而天然草场却没有足够的承载力。

"要保护生态，牧民就不能养那么多牛羊，可我们不能把生态的担子全压到牧民头上啊！"赵新全思忖："解决生态的问题，首先要解决人的问题！"

问题的核心，就在于怎么能让牛羊在冬天不减重，而青海牧业生产面临的大问题，就是缺草！

大胆摸索，在海拔 4000 米种植人工草地

20 世纪 80 年代中期，赵新全在海北站开始了探索。他买了 70 只羊，要试试能不能通过冬天补饲的方式，让牲畜得到相对充足的营养补给。

趁着夏天牛羊迁徙到夏季草场，赵新全在海北站周边的圈窝子里种植饲草，修筑暖棚。暖季放牧，冷季补饲，不仅让羊能够抵挡寒冷，还要让羊在冬天持续增重。除了草，赵新全还想方设法为羊提供更多营养，"海北属于农牧交错区，易获得油菜秸秆等补充饲料，农牧耦合的想法，也是从这里开始的。"

赵新全天天扒在圈窝子边上看羊的长势，功夫不负有心人，冬天羊的体重不减反增，牧民见了连连惊叹。之后，暖牧冷饲模式逐渐在当地被推广开来，以前羔羊出栏至少要 3 年，有了这个技术，羔羊当年即可出栏。周转快，卖价高，20 世纪 80 年代末，畜牧业一度成为海北藏族自治州的亮点。

"生态上合理，经济上可行，牧民可接受。"小试牛刀后，赵新全开始进一步探索如何在高原种好牧草。赵新全坚持，"高原家畜就应该吃好牧草，不要吃精料。吃草的羊纯天然，让咱牧民能卖上好价钱！"

2000 年，在果洛藏族自治州，海拔 4000 米的黑土滩上，赵新全和他的团队誓要在 3 万亩的实验用地上种出牛羊能吃的多汁牧草来。高寒缺氧、风啸雪狂，在野外风餐露宿更是司空见惯。支起火，揪一锅青海尕面片，风一来，杂草、土粒抢先一步飞进锅里。"肚子委屈，哪还管得了那么多！"赵新全哈哈一乐。

该项目开辟了海拔4000米种植人工草地的先河，研究出草地退化分等级治理、草籽生产加工、人工草地合理放牧等技术规程编制，更完善了家畜冷季补饲育肥技术。

赵新全说，"为了让牛羊获得更充足的饲草，我们把燕麦种到高原上来，普通牧草1亩只能出500公斤青干草，而燕麦可以达到1000公斤。"

赵新全和他的团队研制发明了27项草籽生产及退化草地生态恢复的实用技术，选育了5个青藏高原适宜优质饲草新品种，建立新品种国家种子基地主导燕麦良种繁育。据统计，截至2016年，所繁育燕麦品种占青藏高原燕麦种子用量95%，累计建立饲草料基地15.56万公顷，生产优质饲草料172200万公斤，天然草地补播改良112万公顷，退牧还草草带更新733万公顷。

"2011年，我们在巴塘滩推广种草养畜，今年去的时候，当地牧民还在种。这说明我们的办法可行，牧民有积极性。"赵新全说。

解决草畜矛盾，兼顾生态保护与牧民致富

草种上了，但要兼顾生态保护与牧民致富，还需要在更大的区域解决草畜之间的时空矛盾。赵新全介绍，三江源可分为纯牧业区、农牧交错区与河谷农业区，我们的"三区功能耦合模式"，就是让农业区和农牧交错区的牧草补给牧区，有"天然草地'用半留半'模式""草地资源经营置换模式"和"家畜两段饲养模式",实现饲草与家畜的时空互补。

基于这一创新模式,每年牦牛和藏羊冷季健康养殖出栏减畜183.76万羊单位。在海南藏族自治州生态畜牧业可持续发展实验区,藏系绵羊饲养周期缩短1.4年,5年累计加速出栏263万只,缓解289.3万公顷冬春草场放牧压力。

"现在学界有个N%理念,指的是满足保护生物多样性的最小面积和满足人类需求的最大面积。找到满足野生动物生存和人类生产发展的平衡点,是我一直努力的目标。"赵新全说。

去年9月,中国科学院三江源国家公园研究院正式揭牌成立,作为学术院长的赵新全,将目光投向了更远大的目标。赵新全说,"三区耦合模式"并不是终点,我们还应追求三江源区域内各个生态系统间的耦合,让资源的空间配置进一步优化,构建山水林田湖草生命共同体。

"我们正在努力测算三江源的生态承载力究竟有多少,我们与中科院光电研究院合作,放飞系留气球对野生动物的数量和行为进行观测。未来,三江源国家公园的舞台会越来越大!"赵新全的眼里满是兴奋的光芒。

不久前,赵新全刚去了一趟可可西里。"这次去可可西里,我们捡到了藏野驴的粪便样本,可把我高兴坏了!"赵新全难掩兴奋。他鼓励身边的年轻人,"普通的驴消化率只有50%,藏野驴消化率达到75%,它的采食种类也很丰富。你们把它独一无二的消化系统好好研究一下,出了成果说不定就是世界级的。你们有三江源这个平台,一定要珍惜机会啊!"

赵新全的办公室里，桌上、墙上都是他拍摄的藏羚羊照片。"若晓三江源上事，先学羚羊不畏寒"，可可西里之行，赵新全写下这样的诗句。"这三江源，我还没跑够！"赵新全笑道。

《人民日报》（2019年04月11日 第14版）

袁道先

85岁仍带学生野外科考

◎ 刘新吾

85岁,本该颐养天年了。可是,在重庆青木关镇的地质基地,时常还能看到袁道先的身影。在岩溶地质领域做了60多年研究,中科院院士、西南大学地理科学学院教授袁道先每天思考的还是岩溶。

8000米深岩溶是怎么形成的?岩溶地下水系统突发污染事件如何预防?他在纸片上写了19个问题,每天都要拿着看、不断思考。袁道先说,支撑他的,是好奇心和责任感。

"是那天上的星，为我们点燃了明灯。是那林中的鸟，向我们报告了黎明。"在家中，袁道先偶尔哼哼小曲。他手里拿着一本发黄的杂志，里面有他60年前写的散文。

"老头子，吃饭啦！"老伴在厨房叫他。因为自己做饭"吃不下去"，袁道先从此乐得清闲，每天"吃白饭"。

也难怪，袁道先的时间都被工作占去了。作为我国第一位岩溶地质领域的院士，今年85岁的袁道先每年还要亲自带学生到地质基地考察。几十年来，他把地球系统科学引入岩溶学，提出岩溶动力学理论，先后为我国的水电建设、铁路工程地质工作和农田水利水文地质、工程地质工作作出了重要贡献。

"我们满怀无限的希望，为祖国寻找出富饶的矿藏"

袁道先出生于浙江书香门第，从小就对地质十分好奇。新中国成立以后，百废待兴，急需地质人才。1950年春，袁道先考入南京地质探矿专科学校。两年学习后，他投身地质事业。从此，他一生的很多时间都在野外度过。

西藏和平解放后，中央决定在西藏勘察地质，兴修水利。袁道先和同事们从成都进藏，白天乘坐卡篷车，晚上住帐篷，走了一个月。入藏以后，他们沿着雅鲁藏布江考察。晓行深谷，夜枕涛声，成为袁道先的生活常态。工作之余，他们高唱《勘探队员之歌》，"我们有火焰般的热情，战胜了一切疲劳和寒冷……我们满怀无限的希望，为祖国寻找出富饶的矿藏"。

袁道先至今还清楚地记得一件事。勘探途中，险象环生，一名藏族姑娘带领他们沿江而行。路过隆子县的一段峡谷时，谷深壁峭，只能攀爬悬崖。袁道先脚没踩稳,往下一滑,底下就是汹涌江水,千钧一发之际,藏族姑娘猛地抓住了他。

20世纪60年代,袁道先到金沙江畔参与成昆铁路建设。铁路有一段经过金沙江河谷,必须打牢地基。晚上,他们住在南岸的帐篷里,起来后发现,帐篷竟然是扎在一整块巨大的石头上,500多米长、30多米宽。这么大的石头,找遍整个南岸也无同类,仅在北岸有。袁道先敏锐地判断:大石头之下,肯定有鹅卵石地层。

但有人认为,这么大块的石头,不可能自己从北岸"跑"到南岸,它就是稳固地层。如果在鹅卵石地层建设铁路地基,安全隐患很大,可是勘探又工程浩大。袁道先力排众议,坚持要到大石头上打钻孔勘探。钻机向下打了50多米后,发现下面果然就是鹅卵石。

这让大家由衷佩服袁道先。于是,他们在大石头里建了一条隧道,这就是成昆铁路花棚子隧道。

"坐拥这么大一个宝库,我们应当对世界岩溶学作出更大贡献"

8000米深岩溶是怎么形成的?岩溶地下水系统突发污染事件如何预防?上午9点,走进袁道先的办公室,他正在伏案思考,纸上写着19个问题。"这些问题我一直在思考,每天都拿着看看。"袁道先现在仍每天坚持上班,有时周末和节假日也如此。

袁道先爱读《徐霞客游记》,"岩溶理论是西方人先提出来的,但描述和记录工作我们中国人做得最早、也最全面,对我们现在的研究仍有不少帮助。"

我国是一个岩溶大国,岩溶面积达300多万平方公里,超过了三成的国土面积，而且岩溶类型齐全，品种丰富，多姿多彩，是全球少有的"天然岩溶档案馆"。袁道先走访过45个国家，经过对比，归纳出我国岩溶的四大特点：岩层古老坚硬；地处季风气候区，雨热配套，岩溶发育水动力强，水化学环境好；地质构造抬升运动强烈，岩溶发育多样；西南岩溶区未经大陆冰盖刨蚀，多样的岩溶形态得以保持。

"坐拥这么大一个宝库，我们应当对世界岩溶学作出更大贡献。"袁道先于1990年向联合国教科文组织提出"地质、气候、水文与岩溶形成"国际地质对比计划，经多国专家同行严格评审获立项，袁道先被选举为国际工作组主席。

"国际地质对比计划"是联合国教科文组织的重大科学计划之一，于1972年和国际地质科学联合会共同创立。在袁道先领衔之下，得以顺利进行。之后，他又主持了4个地质对比计划的研究。

"中国传统文化重视整体思维，这对我的研究很有帮助。"袁道先善于把握事物的相互联系，从整体角度研究岩溶问题。在研究过程中，袁道先深感传统岩溶学理论孤立地看待地球各大圈层关系，已不足以深入揭示岩溶形成机理，必须从地球系统科学的高度去研究岩溶。

袁道先成功地把地球系统科学思想引入现代岩溶学，首次提出"岩溶组合形态"的科学方法，进行全球岩溶对比，确定了全球岩溶分区。引入地球系统科学的方法，从全球角度研究岩溶，在岩溶研究中抓住以碳、水、钙为主的物质能量循环体系，从大气圈—水圈—岩石圈—生物圈的相互关系上研究岩溶，创造性地总结了一套捕捉碳、水、钙行踪的工作方法，为建立完整的岩溶动力学基本理论作出重要贡献，推动形成了一个强有力的国际合作群体。

在袁道先提议下，经过各方不懈努力，2008年，国际岩溶研究中心落户桂林，这是我国第一个由联合国授权设立的地学研究中心。

"岩溶学不是书斋里的学问，是要为老百姓服务的"

在重庆青木关镇的地质基地里，85岁的袁道先仍然在忙碌着，他每年都要带着学生来这里。

在我国西南地区，石漠化是一个顽疾。袁道先率团队因地制宜开展石漠化治理，并与多个植物研究所合作，既避免水土流失加剧，又保证农民经济效益。现在，重庆南川金银花种植基地已经成为石漠化治理的成功典范，从一片"寸草不生"的石漠，变成了金银花盛开的优美胜地。

在袁道先院士等人的不懈努力下，"西南岩溶地区石漠化综合治理"被纳入我国"十五"计划纲要，并在"十三五"规划中继续进行。

在我国西南地区，流淌着总长约1.3万公里的地下河，这是岩溶地区的"救命水"。然而，不少地下河受到污染，存在成为"下水道"的风险。2007年，以袁道先为首的科学家提交《防止我国西南岩溶地区地下河变成"下水道"的对策与建议》，得到重视。

岩溶地区的地下水资源十分丰富，不仅要保护好，而且要利用好，对它的合理利用能极大缓解当地缺水的压力。2006年夏季，重庆发生特大旱灾。袁道先提出寻找地下水、缓解旱情的建议，并提供了一幅详细的重庆水文地质图。

袁道先还为岩溶地区旅游开发做出了重要贡献。他的研究为我国南方喀斯特"申遗"提供了理论支撑,而且,还从总体规划、申报书修改等方面进行了具体指导。经过各方不懈努力,云南石林、贵州荔波、重庆武隆共同组成了"中国南方喀斯特",2007年被收入联合国教科文组织的《世界遗产名录》,2014年又增补了广西桂林、重庆金佛山等四地。"申遗"成功后,这些地方旅游产业快速发展,提高了当地百姓生活水平,进而减少环境压力,促进当地生态环境的保护。

治理石漠化,保护地下河,推动申遗,袁道先老当益壮,奔走不息。他常挂在嘴边的一句话是,"岩溶学不是书斋里的学问,是要为老百姓服务的。"

《人民日报》(2019年06月10日 第14版)

陈嘉佳

"宁愿得罪人也不能得罪滇池"

◎ 徐元锋

> 轻盈的桨板划开碧蓝河面,溅起片片水花。河水清凉,微风习习,两岸披翠,长空如洗,从河道上看风景,别有一番韵致——桨板上的陈嘉佳和队友,也成了岸上人眼里的风景……
>
> 原来,陈嘉佳他们不只是玩桨板,还是"市民河长",正在巡河呢!挥桨前进,陈嘉佳说:"划着桨板也能护河,河里有些情况在水面看得更清楚。"

陈嘉佳从2012年开始玩皮划艇，划遍了滇池和出入河道。今年初，云南省昆明市启动新一轮"滇池卫士"志愿服务，聘任了百名"市民河长"，陈嘉佳名列其中。他们一般周末休息时巡河，一月两次。

巡河要留意"水底下、桥底下和树底下"

早上9点多，吃上两个"烧饵块"，陈嘉佳就和队友高瑞辰、伏肖下河了。

陈嘉佳和昆明一帮水上运动爱好者成立了"大风俱乐部"，"大风"本来是疯玩的意思。俱乐部里有冲浪艇、皮划艇和充气桨板，陈嘉佳跟记者聊起活饵救援、滚水坝和上岸风、离岸风，专业词汇一套一套的。

爬上桨板，陈嘉佳告诉记者，巡河要留意"水底下、桥底下和树底下"。水底下可能有"地笼"，桥底下会暗藏抽水机，树底下藏着非法捕捞设备。

陈嘉佳说起他的"巡河经"：这段河道主要问题是钓鱼的人多；下一段河道经过小吃店、饭店多，要注意河道里洗餐具或者拖把的；再往下两边是居民区，会有人非法抽水洗车或浇灌庭院花木……

桨板来到小区边河里，因为没有地笼，钓鱼的人少，鱼儿成群自在游弋，时而跃出水面。陈嘉佳指给记者看：鱼儿多食量大，你看水草就长不起来，省了雇人打捞水草的钱。他还说，评价河道治理效果，光看水清不清不够，还应加上水生动植物这条。

开门治河，才是长久之道

正午时分，高原的阳光火辣辣直扑下来，突然，前面出现了情况——水面呈一团乳白色，桨板加快了速度。

果不其然，这片水域散发出一股刺鼻味道，像是刚被人倾倒了什么。陈嘉佳很是气愤，他指着岸上的一道暗门说，"门道就在那里"。岸上的小区被铁丝网隔离，有人却开了个角门。"我们以前就发现举报过，但这个角门一直没封上"，陈嘉佳说着掏出手机拍照记录定位，向"网格滇池志愿者"平台举报。一路下来，他已举报过两次：河道里还有"地笼"，桥下的建筑垃圾没清理干净。

"网格滇池志愿者"平台是专门为市民举报开辟的，涉及危害滇池的行为都管。陈嘉佳说，你看我手机上的举报记录，基本都是"已办理"。不过他也跟记者聊起困惑：如今铁腕治污，一些地方似乎走过了——不许市民亲近水，把河道之治变成部门之治。一次有执法人员问他：志愿者有什么权力到河面查看"地笼"？

滇池连着昆明人的记忆和情感，自然是大家的。陈嘉佳他们常在水里运动，经历了好多河道从黑臭到清新的转变。经过20多年不懈治理，滇池水2018年恢复到Ⅳ类水质。陈嘉佳说，真正发动市民"开门治河"，由政府的事变成"社会共治"，才是长久之道。"有千万双眼睛盯着，有千万个脑子想着，河道的问题不难解决"，他说。

长年在水上漂，对水有感情

夕阳洒落永昌湿地，远处的西山睡美人披上金边。陈嘉佳和队友们来到了永昌湿地。他们眼光向下，仔细探寻水底——他们在找

"地笼"。

原来,永昌湿地许多地方以前是鱼塘,附近村民祖辈也是渔民。随着滇池治理不断推进,鱼塘被改造成湿地,也不允许捕鱼了。但有人半夜偷偷把一二十米长的"地笼"沉入水底,大小鱼儿只要钻进去,保证有去无回,故又称"绝户笼"。这些"地笼"借助水草"掩护",岸上不易发现,站在桨板上就一目了然了。

4月25日,昆明市滇池管理局等部门,在永昌湿地、船房河、西坝河集中整治,一天打捞起近百个违禁渔具。这次行动,源自志愿者们的举报,让"网格滇池志愿者"名声大噪。这次巡河,陈嘉佳又到永昌湿地,看"地笼"反弹没,他说这是发扬"钉钉子精神"。

"长年在水上漂,对水太有感情了",陈嘉佳说,"当了市民河长,就要胆大心细盯住不放,宁愿得罪人也不能得罪滇池!"

《人民日报》(2019年06月20日 第10版)

江亿

"冷暖"人生

◎ 谷业凯

> 作为我国人工环境学的倡导者之一、我国暖通空调领域第一位院士,江亿完成了多项核心技术研发并直接主持了百余项工程项目,其中就包括人民大会堂、故宫博物院等30多个大型重点建筑的空调系统工程。
>
> 40余年,江亿亲身经历了暖通空调领域从"冷"到"热"的过程,见证了全社会对可持续发展,对节能、环保、低碳重视程度的不断提高。

自然对流式冷梁、通风地板、感光太阳能采光灯、多层真空隔离玻璃……走进清华大学建筑节能研究中心，这座看上去不大的实验楼，却集合着上百种先进的节能技术，宛如一个大实验室。

该中心主任、67岁的江亿院士，刚刚结束一场学术会议，风尘仆仆地赶了回来。"每到季节变换，我们这些'空调人'就忙开了。"他撂下双肩包，还没来得及摘掉参会证件，便同记者聊了起来。

主持研发了人民大会堂、故宫博物院等多个大型重点建筑的空调系统工程

提起暖通，恐怕鲜有人知晓其准确的定义；不过要是说起建筑里的采暖、空调等设备，大部分人都不会陌生。暖通是建筑不可或缺的组成部分，学科全称为"供热、供燃气、通风及空调工程"。

追溯历史，清华大学的暖通专业是1952年成立的，属于成立时间很晚的专业。"从把房子建起来到设计得更美观，再到居住环境的改善，这其实反映出人们对居住环境的需求和认识在不断提升。"江亿说。

清华大学暖通专业成立之初，师资、科研力量都很薄弱，甚至连一本合适的中文教材都没有。江亿1973年考入清华建工系暖通专业时，学习的内容与居住环境还有些"不搭界"。"我们当时主要研究的是工厂的生产过程，像'恒温恒湿''正负0.1度'这些内容，解决的都是工业生产和科研中环境特殊要求的问题。"直到读研究生时，江亿甚至连一台像样的空调机都没见过。

改革开放以来，随着经济飞速发展，人们对居住环境的要求也在不断提升，暖通空调行业真正迎来了自身的发展机遇。江亿这个"老空调人"，亲身经历了这个从"冷"到"热"的过程。"以前多少年没被关注过，现在关注度高了，说明全社会对可持续发展，对节能、环保、低碳的重视程度在不断提高。"江亿说。

从1978年读研究生算起，江亿在暖通空调行业摸爬滚打了40多年。他带领团队结合能源利用、建筑模拟分析、人体热舒适等方面的研究成果，致力于探索在节约能源、保护环境的前提下，为人类创造各种适宜的室内物理环境，并由此成为我国人工环境学的倡导者之一。除系统参与人工环境基础理论、方法的建立和发展，他还完成多项核心技术研发并直接主持了百余项工程项目，其中就包括人民大会堂、故宫博物院等30多个大型重点建筑的空调系统工程……2001年，年仅49岁的江亿凭借在建筑热环境模拟分析、地铁热环境仿真与控制、热网调节与优化等方面的研究成果，当选为中国工程院院士，由此成为我国暖通空调领域的第一位院士。

江亿说，自己与暖通行业结缘属于"先结婚后恋爱"，在亲身实践中才对暖通、对建筑节能有了更加深刻的认识，"人到哪儿都不能忘本，现在作为院士，更要为国家、为老百姓做好建筑节能这件大事"。

为业界划出一条建筑节能红线——切实降低能耗才是节能的本质

建筑节能这件事有多重要？江亿用这样一组数字来解释："建筑能耗大约要占到全球总能耗的1/3以上，在发达国家甚至有可能达到40%以上，在咱们国家也超过了20%的比例。它对生态环境的影响很大。"

江亿也一直在为建筑节能"鼓与呼"。他带领团队经过在多地的实地测算,并结合自主研发的建筑环境模拟分析软件,为业界划出了一条建筑节能的红线——切实降低能耗才是节能的本质。用他的话来说:"一定要把最基本的方向性问题搞清楚,实践当中才不会南辕北辙。"

江亿要搞清楚的方向性问题,首要的就是我国建筑和发达国家建筑之间的能耗高低问题。长期以来,在这一问题上的认识偏差,导致了一些对节能建筑的误解,以及对一些不切实际的节能技术的盲目崇拜。

他给记者算了这样一笔账:目前国内用户夏天制冷主要使用分体式空调,而且一般在睡眠、外出时,都会关闭空调设备。这样一夏天下来,空调使用时长就在200到300小时之间;而在一些发达国家,主要使用的是"24小时连续空调",通过门口的室外机和风道风管,把冷风送到室内,并采用恒温器来控制,一般很少关闭运行,夏天的运行时长就在3000小时以上。"即使这种所谓的节能建筑比普通空调建筑能效高出一半,总能耗也在它的7到10倍之间。"江亿说。

这样的例子还有很多。如今不少家庭使用的多联机中央空调,往往是按照满负荷工况来设计、运维和优化的。江亿却发现,这些机器一般都是在低负荷条件下使用,满负荷使用的情况极少。设计跟实际脱节,就会导致多联机中央空调的能耗高、效率低,进而对环境产生不利影响。这些看似都不是高深的问题,却是江亿本着"敢于质疑,敢说真话"的原则,在大量现场测算分析的基础上得出的结论。

作为建筑节能领域的权威专家，江亿是一个经常发出不同声音的人。他对区域集中供冷、南方外墙建筑保温等问题都提出过不同看法，甚至专门写过一本《二十种不适宜的建筑节能技术》，批判一些看似时髦的节能技术。在他看来，这是工程师的社会责任。"我是搞工科的，很多时候也想用一些复杂的技术，显示自己'学问大'。可是如果方向错了，技术很强也没用。"江亿笑着说。

方向瞄准了，才能做出引领性的创新成果来。冷暖之间虽然对立，在这条规律面前却是统一的。除了研究"冷"的问题，近年来，江亿在供暖这个"热"问题上也是孜孜探索，取得了不少成绩。他指导设计的太原古交电厂远距离输热工程于2014年开工建设，项目采用乏汽余热利用、大温差输送、多级中继循环泵联动等先进技术，把电厂热电联产余热长距离输送到主城区。项目建成后，拆除分散燃煤锅炉254台，减少城市燃煤使用400万吨，既解决了城市的供热难题，也为太原实现清洁型能源供热奠定了基础。

如今，山东、宁夏、内蒙古的一些电厂正采用相似的办法，源源不断地将原本被浪费的热量输送到城区，河北迁西也用上了钢厂的余热供暖。"用大量能源资源消耗换来舒适性，这条发达国家走过的道路已被证明不可持续，也不可复制，中国一定要走出一条真正可持续发展的道路。"谈起未来，江亿信心坚定。

爬风道、钻冷却塔、进锅炉房是"空调人"的日常

近年来，随着节能环保成为更多建筑的标配，暖通空调专业也迎来了自身发展的机遇。江亿说："我毕业40多年了，从没遇到这么好的机遇。现在党中央提出加强生态文明建设，全社会也都在提倡低碳生活，我们把这件事想好了、做好了，就一定能在好的机遇中做出好的成绩来。"

虽然暖通专业的目标之一是追求人的舒适，可是研究和工作环境却称不上舒适。"我们不太愿意躲在屋子里算点什么，倒是爱出去跑跑。"江亿说起来轻描淡写，要知道，有时在盛夏时节耐着三四十摄氏度的高温到商场、写字楼去搞测量，实在算不上一件"美差"。

每届暖通空调专业的学生，江亿都会带他们穿着蓝色的工作服"跑外业"。他们不踩地毯、不坐客梯，爬风道、钻冷却塔、进锅炉房……这些，都是"空调人"的日常。

"这是一个很实在的专业，没有什么高深的理论，更多的是关乎老百姓生计的事，只有到现场去、到一线去，掌握了第一手资料，才能掌握实际运行中的问题。"江亿认为，"不要认为书中是这样写的，我们就必须这样做。实践才是第一位的。"

谈及我国建筑节能的前景，搞技术出身的江亿十分看重的却是文化和观念。"比如，有的厂家设计出低功耗的空调产品，却不敢放在广告里广泛宣传，担心消费者觉得性能不如别人家的好，这就是文化和观念上出了问题。"江亿说，文化和观念既不是法律也不是标准，但是影响很大，在某种程度上也将决定我们这个大国生态文明建设的未来走向。

江亿举例说，夏天我国居民在睡眠、外出时，经常随手关闭空调，这就是老百姓一个很好的节能习惯，每年能节约大量能源，"在节能环保方面，我国不但重视科技，还尊重自然，追求'天人合一'

的境界，这实际上就代表了一种先进的文化"。

结束采访，走出清华大学建筑节能研究中心，不少人在门口鱼池旁驻足观赏。这时，忽然想起江亿曾说，自己研究的是人工环境学，但其实更喜欢在大自然中生活，"人类是地球上的生物群，人类的文明还是要与大自然结合在一起，解决我们的问题也应该从这个理念出发"。

《人民日报》（2019年10月16日 第14版）

采煤业如何更绿色

◎ 谷业凯

> 作为我国矿山压力与岩层控制学科主要奠基人之一，中国矿业大学（北京）教授、中国工程院院士钱鸣高关注人与环境的关系，潜心研究煤矿绿色开采技术。他认为，煤炭行业不仅要关注如何出煤，还要重视环境容量，在人与自然之间建起生态平衡机制。

1950年春天，18岁的钱鸣高第一次来到辽宁抚顺西露天矿时，就被眼前的景象震撼了：三层楼高的罐笼、能把数十吨原煤提上来的德国卷扬机……这一切，给生长在水乡江苏无锡的他，留下了极深印象。

2019年初冬时节，在中国矿业大学（北京）的一幢小楼里，88岁高龄，已是中国矿业大学（北京）教授、中国工程院院士的钱鸣高聊起那次经历，记忆仍很清晰。

从那时起，他与煤矿打了几十年交道。他从事与资源地生态环境相关的"矿山压力研究"，提出的"鸣高模型"得到国际学术界认可；他和团队提出"绿色开采技术"和"科学采矿"理念，为减少采矿对环境的破坏指出了方向。

把中国矿压研究推进到国际先进水平

新中国成立初期，出于能源工业发展需要，我国急需采煤工程方面的专业人才，当时的东北工学院号召学生在自愿基础上改报采矿工程专业，已经考取机械系的钱鸣高报名转入采矿系。

"采矿是一门艰苦的专业，当时报考的人很少。"他回忆道："初生牛犊不怕虎。那时候，我既不熟悉采煤，也不知道这门学科深浅，只是觉得越是艰苦的专业，越有希望做出成绩来。"

那时，我国采矿科学事业几近空白。"没有能源，就谈不上工业化。我国当时能源90%靠煤炭，但是煤炭科学远远没有跟上。"钱鸣高说。

采煤，也是岩体由稳定到破坏的过程，因此矿山"岩体力学"大部分表现为岩体破断后的力学效应。新中国成立以后，煤炭得到一定程度的开发，但是事关资源地生态环境的"矿山压力研究"却迟迟没有跟上。1954 年，钱鸣高来到原北京矿业学院攻读采矿工程专业研究生。1957 年，留校任教的他，科研方向就是矿山压力及其控制。

采矿学科实践性很强，它要求研究者具备扎实的基础理论知识，又要不断深入现场。经过 20 多年持续摸索和实践验证，钱鸣高终于提出了采场上覆岩层在受开采影响破断后岩块互相咬合形成的结构模式，即"砌体梁"力学模型，使得工作面各种来压现象和支护原理得到了合理、充分的解释，并在实践中得到了验证。

1982 年，在英国纽卡斯尔大学举办的国际岩层力学讨论会上，钱鸣高的成果进一步得到了国际学术界的高度认可，有学者称之为"鸣高模型"，由此把中国矿压研究推进到国际先进水平。该模型还获得了国家自然科学奖。

为减少采矿对环境的破坏指出了方向

作为我国矿山压力与岩层控制学科主要奠基人之一，钱鸣高通过研究岩层破断后的力学结构对矿山压力和岩层移动的影响，延伸到"绿色开采技术"和"科学采矿"理念。

"过去采矿的教育仅仅讲授如何出煤，主要讲系统和工艺，对保护环境、环境容量与行业的经济规律都没有介绍，因此不是完整的'采煤学'。"钱鸣高认为。

关注到煤炭开采活动对开采地生态环境的破坏，钱鸣高带领团队提出了以控制"关键层"为基础的煤矿绿色开采技术：包括煤与瓦斯共采、保水开采、控制地表沉陷、矸石减排等，产生了巨大的经济效益和社会效益。

为解决煤炭开采和利用的负外部性问题，钱鸣高还提出以珍惜资源、发展机械化和自动化、保护环境和保证工人安全为主要内容的"科学采矿"理念。科学采矿意味着环境容量和安全保障，该理念一经提出，就在行业内引起了强烈反响。一些煤矿大力发展充填技术和复垦技术，有的学者还制定了科学产能以及煤矿开采科学性的评分标准，为各种条件下的科学采矿指出了方向，这一理念实际上也为煤炭行业转变为绿色行业指出了方向。

"以前，煤炭行业从业者关注更多的是如何出煤，采煤方法事实上只体现在具体的采煤技术和工艺上，忽视了生产与自然的关系。"钱鸣高说。

对煤炭行业绿色发展提出系统思考

近年来，污染防治攻坚战深入推进，对煤炭行业提出了高质量发展的新要求。同时，煤炭作为我国主体能源的地位仍未改变。在"去煤化"呼声涌起的背景下，煤炭革命的路究竟该怎样走？对此，钱鸣高也有深入思考。

"煤矿开采是人类获取自然资源的手段，但与其他行业相比，煤炭行业建设周期长、退出机制不完善、对环境负面影响较大。"钱鸣高说，另一方面，在"获取—使用—回归"循环中，由于处理燃烧废弃物的利润有限，所以"回归"环节没有得到重视，"如果在'回归'过程中超出了环境容量，且处理无序，不仅危害自然，对人类自身的伤害更大"。

在钱鸣高看来，人类使用的万物来自于自然，经过使用后又回归自然，因此"获取—使用—回归"的循环对人与自然的关系至关重要，"我们往往对'使用'特别感兴趣，因为它直接与自身利益有关，而'获取''回归'与我们赖以生存的环境有关，但是，目前环境价值在市场经济中又难以用价格来衡量"。

经过多年探索，钱鸣高形成了关于煤炭行业绿色发展问题的系统思考，他也曾在多个场合呼吁，在环境容量内开发和利用煤炭资源，在人类和自然之间建立起复合的生态平衡机制。

钱鸣高强调，"煤炭行业必须实现高质量发展，研究煤炭的经济规律，严格管理，尽量减少负外部性，研究和完善煤炭开采和利用与环境相协调的科学技术。这样，煤炭行业不仅能为社会做出巨大贡献，而且会成为被社会尊重的行业，这是值得煤炭科技、经济和管理工作者思考的问题"！

《人民日报》（2019 年 12 月 03 日　第 13 版）

苏涛
测龄青藏高原

◎ 叶传增

> 世界屋脊青藏高原，是如何一步步隆升的呢？古植物研究员苏涛，8年来18次赴青藏高原，和同事通过对古植物化石的大量研究，利用古植物学的证据，推断出青藏高原更为准确的隆升时间，重构了青藏高原的古高程和古地貌。

2019年10月，第二届吴征镒植物学奖揭晓，这是中国首个植物学专业奖项。中国科学院西双版纳热带植物园研究员苏涛摘得青年创新奖。他构建了青藏高原古高程和古地貌，提出青藏高原在新近纪才在整体上形成高原的观点。

一个植物学家研究青藏高原的形成和演变，听着有点不"搭界"。但看过苏涛的简历，你就不会这么认为了：年仅37岁的苏涛，自2011年开始，已先后18次进入青藏高原考察，和同事采集化石标本3万余份，发现化石植物新种32个，利用古植物学的证据，构建了青藏高原古高程和古地貌。

发现古植物化石里的时间秘密

"高原隆升是一个地质学问题，但研究角度并不局限于地质学。"苏涛介绍，20世纪60年代，中国科学院和原国家体委等单位共同组织珠穆朗玛峰和希夏邦马峰登山科学考察队，并在希夏邦马峰北坡海拔5700—5900米、距今约300万年的砂岩中发现了一块阔叶植物化石。

经专家判断，这是一块高山栎的叶片化石。高山栎大多生长在海拔2500—4000米的山区。以此推断，喜马拉雅地区在最近的300万年内，还经历了剧烈的抬升。

"此举开创了用古植物化石讨论青藏高原隆升问题的开端。直到今天，我们所从事的古植物学、古环境重建研究仍沿用这一方法。"苏涛说。

2011年，苏涛的导师周浙昆研究员在中科院西双版纳热带植物园建立了古生态研究组。研究组发现，西南地区的季风气候在新近纪逐渐增强，是塑造该地区生物多样性分布格局的重要因素。而要进一步认识生物多样性与环境变化的相互关系，就需拓展到青藏高原开展研究。

当年10月，中科院西双版纳热带植物园组织了一支4人青藏科考队。时年29岁的苏涛刚刚博士毕业，成为科考队的一员，与这片大地结下了不解之缘。

找到青藏高原隆起时间的直接证据

"上世纪70年代启动的我国第一次青藏高原综合科考就在西藏芒康发现了植物化石，但之后的30年里，没人做过进一步研究。"苏涛一行的主要任务是找到以往文献中记载的芒康植物群化石点，为后续的化石采集"打头阵"。

进藏之路并不容易。科考队白天赶路经常遇到塌方，一等就是几个小时。到了夜晚，严重的高原反应让队员们整宿难眠。等他们好不容易抵达芒康县卡均村，从早忙活到晚，却常常一无所获。有一天，夕阳的余晖映照在岩石的剖面上，强烈的光线令人目眩。正当大家要失望而归时，有人在岩石剖面上发现了一小片叶子。

"看上去像是桦木科的一种，虽然保存得不完整，但至少证明我们找对了地方！"次年，苏涛带队再次来到芒康做专项采集。一天，一位藏族老乡拿着一块化石找到科考队，问道："你们是不是在找这个？"苏涛接过一看，喜出望外——这是一块青冈亚属的叶片化石！

青冈亚属植物是常绿乔木，大多数是亚热带常绿阔叶林中的常见种，分布海拔都不超过3000米，而卡均村的海拔为3900米。

"青冈化石的发现意味着要么这里发生过海拔抬升,要么全球温度经历过剧烈降低,或者说两种情况同时存在。总之是一个重要发现!"在老乡的带领下,苏涛在发现青冈化石的地层剖面又发现了桦木的落叶类群。

前后5年里,苏涛带团队六上芒康,共采集了5000多件植物化石。回到实验室,他们又进行了进一步的化石鉴定、古海拔重建、模型模拟等方面的深入研究,最终形成了一篇重要的学术论文并发表在国际期刊上。论文首次从古植物学的角度提出了一个新观点:3300万—3500万年前,青藏高原东南缘经历了一定的抬升后达到现在的高度。而之前的研究认为,青藏高原的东南缘在1000万年前才达到现在的高度。

"也就是说,植物化石提供了最直接的证据,证明青藏高原东南缘的隆起发生得更早。"苏涛说。

8年,18次登上青藏高原科考

从2011年第一次踏足青藏高原起,8年间苏涛已经18次来到这里,在海拔4000米以上的地区野外工作时间累计超过300天。他回忆,高原反应严重时,下蹲起立都非常困难。有时候蹲不住了,干脆趴在地上采集化石。

苏涛还参加了第二次青藏高原综合科学考察研究。在藏北羌塘草原的伦坡拉盆地,苏涛及团队在距今2500万年的地层中采集到了一枚完整的棕榈叶化石标本。

"生长在热带和亚热带地区的棕榈科植物在高寒地区是不可能存活的。我们通过一系列研究认为,2500万年前青藏高原中部的海拔不会超过2300米。"苏涛解释，过去的观点认为，早在3500万—4000万年前，这一地区已经达到4000米的高度。棕榈化石的发现将青藏高原中部的抬升历史推后了至少约1000万年。

严酷的自然环境也让苏涛的科考之旅时常与危险相伴。2018年中秋节刚过，苏涛一行从伦坡拉盆地某化石点返回时突遇陷车。时值黄昏，手机又没有信号。翻开地图，最近的居住点离陷车点还有10公里左右。眼看夕阳西下，苏涛一拍大腿："不能坐以待毙，走！"幸运的是，一行人徒步一个半小时，终于发现了一户藏民家，得以留宿。

"青藏高原蕴藏着无穷的奥秘，等待人们去发掘。"在吴征镒植物学奖的颁奖仪式上，苏涛这样感叹。他说，科研的路上，还有很多奥秘等待着发掘，他随时准备着出发。

《人民日报》（2019年12月17日　第14版）

刘慧秀

穿行山林间　巧手除病害

◎ 吴　勇

　　气温回升，内蒙古大兴安岭原始林区，积雪刚刚融化。刘慧秀背着测报工具箱，手提一串环形捕鼠夹，在林间寻找、辨别鼠洞、鼠道，并将捕鼠夹放置在洞口。"过一两天，我们再来取捕鼠夹，根据捕鼠情况测定鼠密度，制定接下来的防治方案。"刘慧秀说。

　　51岁的刘慧秀是一名林业有害生物防治员。她是内蒙古大兴安岭克一河林业局森林病虫害防治检疫站主任，每年防疫期，她都会带着一群同事穿行在山林间，守护林木健康。

"只要想做成一件事，就没有克服不了的障碍"

谈起森林病虫害防治检疫，刘慧秀滔滔不绝：鼠虫特征习性、病害调查监测、新型药物和技术推广应用，无一不精。实际上，刘慧秀2011年才开始接触森林病虫害防疫。

刘慧秀1991年参加工作，一直在林业系统。2011年刚到森林病虫害防治检疫站工作时，她心里挺忐忑，"我从小就怕虫子，记得第一次上山搞监测，看到满树松毛虫，回来后，一想起松毛虫爬动的样子就难受"。

刘慧秀一边尽快适应，一边向同事学习专业技能。她的同事薛广军告诉记者，每次防疫时，刘慧秀都跟班上山，GPS定位、选设样树和样枝、定时观测，风雨不误。为了查清病虫情的发生地点、分布范围、危害程度，她和大伙翻山越岭，及时掌握第一手资料，现场制定防治方案。

慢慢地，杀虫剂怎样配比、标本怎样制作、防治方案怎样制定，刘慧秀都手到擒来。在她办公桌上，常年放着用来喂养昆虫的玻璃器皿。"只要想做成一件事，就没有克服不了的障碍。"刘慧秀说。

"早发现，将病害及时控制住"

2016年秋季的一天，刘慧秀接到上级部门通知，可能有松树蜂侵入林区。松树蜂是国际重大林业检疫害虫，传播速度快，能迅速引起树木死亡，在严重入侵区域，能造成80%的松树死亡。

刘慧秀不敢有丝毫懈怠，立即组织人员沿道路深入林区，再向林区深入进行撒网式排查，寻找松树蜂。最终，发现两株樟子松出现了被松树蜂入侵的病症。当刘慧秀和同事们剖开树干、取出成虫，并将标本上报给上级森防部门时，大家都很难相信克一河林区的这一发现。因为克一河林业局与内蒙古大兴安岭其他林区相比，交通相对闭塞，对外往来也不频繁。但最终，经国家林业部门鉴定，刘慧秀和同事们找到的正是松树蜂。由于发现及时，成虫并未产卵，有可能暴发的病虫害被及时控制。

"早发现，将病害及时控制住"，是刘慧秀经常说的一句话。她认为，病害的发生多是因为前期监测工作没做好。

正是凭借刘慧秀和同事们潜心做前期工作的态度，多年来，克一河林业局森防站在林区林业有害生物目标化管理考核中，有害生物成灾率、无公害防治率、测报准确率、种苗产地检疫率全部达标，连续9年位列内蒙古大兴安岭林区首位，并获得林业有害生物防治先进单位荣誉表彰。

2018年，刘慧秀带领的团队在"全区林业有害生物检疫员、防治员职业技能比赛"中，获检疫员团体第一名和防治员团体第四名。这一年，刘慧秀还当选了全国十佳"最美森林医生"。

"森防工作不轻松，但含金量非常高"

"来到这个岗位前，觉得森防站的工作很清闲，但真正来了才知道，森防工作不轻松，但含金量非常高。"刘慧秀说，这个职业涉及浩如烟海的专业知识，需要不断挖掘学习。

提高专业技能，刘慧秀的法宝是"踏实"。经过不断努力，她通过了高级工程师的考试。通过各种途径，她研究学习先进实用的林业有害生物防控技术。

2014年，在国家森防总站指导下，她带领全站职工开展新型环形捕鼠夹防治害鼠技术推广示范项目，历时1095天，圆满完成了项目课题组安排的各项工作指标和任务，顺利通过专家组现场查验和项目全面验收工作。

刘慧秀每年有四五个月在野外工作。杀虫烟剂带有毒性，要在夜间每隔一段距离投放一个，走在前面不光走得远，撤离时也承担着更多危险和责任，但她总是走在最前面。

《人民日报》（2020年04月14日 第13版）

王文采

为中国植物建档案

◎ 吴月辉

> 走遍祖国大江南北采集标本，94岁依旧坚持每周两次乘班车去上班，右眼失明的10多年间仍出版多本著作、完成几十篇论文……中国科学院院士王文采倾注毕生心血，为中国植物建档案。
>
> 70个春夏秋冬，走遍大江南北，哪怕是在最危险的境地、最困难的时候，他也从未放弃。

见到王文采院士，是在他位于北京中关村的家中。尽管早已没有了科研任务，但90多岁高龄的他仍然坚持每周两天去北京西郊的中科院植物研究所，研究他喜爱的植物标本。谈及倾注自己毕生心血的植物分类学，老人神采奕奕。

"听说你对植物分类学很有兴趣，帮我编一本《中国植物图鉴》怎么样？"

"那是1949年初冬，胡先生把我找了过去，说：'听说你对植物分类学很有兴趣，帮我编一本《中国植物图鉴》怎么样？'我听后特别高兴，一口答应下来。"与胡先骕第一次见面时的情景，王文采至今历历在目。

王文采结缘植物分类学，和两个人有关：一个是林镕，另一个便是胡先骕。

大三时，王文采就读的北平师范大学生物系开设了植物分类学课程，授课的是当时北平研究院植物研究所研究员林镕。

王文采清晰地记得：1948年5月初，林镕第一次带全班学生到北京西郊的玉泉山采集标本，"林老师随手采起植物，就能立即讲出其所代表的科属特性和花的构造。我当时好佩服他，什么植物都认识"。此后，王文采常常在假期跑到郊外去采集植物标本，有时候和同学一起，有时候独自前往。回来后，自己动手解剖花并绘图。

如果说林镕把王文采领进了植物分类学的大门，那么胡先骕则真正将他引向了植物分类学研究之路。王文采大学毕业后，留在了北平师范大学生物系，担任动物分类学、生物技术和普通生物学三门课程的助教。1948年，静生生物调查所所长胡先骕开始在北平师范大学生物系兼任教授。这便成了胡先骕找到年轻的王文采，寻求编辑《中国植物图鉴》的由来。

在胡先骕极力推荐下，王文采从北平师范大学调到中国科学院，开始了植物分类学的研究生涯。

中国近代植物分类学研究，始于20世纪20年代。百年来，我国植物分类学家们取得了多项重要成果，历经40多年、四代人共同完成的80卷巨著《中国植物志》，具有科普及研究价值的工具书《中国高等植物图鉴》，都曾获国家自然科学奖一等奖。而在这两项工作中，王文采均作出了重要贡献。

"从事植物分类和保护工作，让人感受到更多的是收获和快乐"

"搞分类，采集标本是第一步。"王文采说，从事植物分类学研究，离不开两个基本条件——标本和文献。

王文采介绍，我国植物种类丰富，18世纪末到19世纪初，外国人就开始到中国来采集标本，先后来了200多人，采集到了大量珍贵标本。可惜，那时我国的植物分类学研究还没有起步。从事植物分类学研究后，王文采一直致力于野外考察工作，先后深入广西、云南、四川、湖南等地，到过许多人迹罕至的地方采集标本。

野外考察很多时候是非常危险的。1958年11月，在云南勐腊热带雨林考察时，王文采得了恶性疟疾，忍痛返回昆明，住进了医院。到12月，他的病势越发严重，连续多日高烧不退，吃药也不见效。在这危急时刻，昆明植物所四名青年同志主动为王文采献血1600毫升。

"血输到我体内后，体温才逐渐降下来，也把我从死亡边缘拉了回来。"王文采说，"尽管采集标本会遇到各种危险，但从事植物分类和保护工作，让人感受到更多的是收获和快乐。"

从1950年春开始野外调查，王文采和同事们走遍祖国的大江南北，采集到了大量的植物标本，获得了丰富的一手研究资料。"现在我们植物所的标本馆是中国最大也是亚洲最大的，但标本数量与几个世界著名植物标本馆的差距还是很大，只能研究中国的植物区系，世界的植物区系还是没法研究。"这一直让王文采觉得有些遗憾。

"趁着还能借助放大镜工作，我得赶紧把中国翠雀植物的文稿写完"

进入王文采的办公室，很多人都会惊讶于它的简陋：15平方米左右，一张办公桌、一把椅子、一个书架，还有一张小沙发，此外再无任何摆设。60余年，春夏秋冬，王文采在这里默默耕耘，即使在最困难的时候也没有放弃。

1965年初，植物所抽出10个人，由王文采负责，脱产编写《中国高等植物图鉴》。一年后，第一卷和第二卷的一半多都编完了，可是由于一些历史原因，后面几卷的编写工作被迫停止。

"那时候，出版社的工作人员都下放到湖南去了，只能我自己做校对。出版社的工厂当时在北京通县，我在那里一待就是半年。"王文采回忆，那是自己最累的一段时间，校稿的工作量非常大，两册书共2000多页，而且图文要一一对应，不能出现偏差，特别费时费力费眼睛。在王文采的坚持和努力下，校对工作得以顺利完成，他也终于等到了《中国高等植物图鉴》恢复编写的那一天。

"为什么欧洲有那么多志书？就是因为他们200多年来一版一版地修订，一次比一次进步。而我们现在，只是万里长征走完了第一步，还有大量工作要深入去做。"如今，已过鲐背之年的王文采依然在坚持工作，最近刚刚完成毛茛科银莲花属种类的补录，"《中国植物志》里是50多种，我现在补充到83种。"

多年伏案研究植物标本、画图，给王文采的视力带来了很大损伤。去年元宵节过后，他一进办公室就对助手说："我啊，眼睛近期不太管用了，这可有点糟糕了。"助手一听很着急，赶紧开车带他去医院检查。那天，助手才得知，这次要看的是左眼，老人的右眼10年前就已经失明了。助手泪流满面，他只知道：这10年间，老师在实验室里看显微镜做研究，出版了多本著作、完成了几十篇论文、多次为他人作品写序，却不知道，他是用一只眼睛完成的。

回去的路上，助手一语不发，默默开车。王文采在后面坐着念叨："趁着还能借助放大镜工作，我得赶紧把中国翠雀植物的文稿写完，后面的事情，就得麻烦你们了。"

虽已著作等身，王文采仍然很谦逊，并时刻自省。"我国植物分类学研究起步较晚，还有很多欠缺。"王文采说，希望年轻人能持续接力，为国家的植物分类事业做出更大的贡献。

《人民日报》（2020年06月16日　第13版）

周绪红

勾勒未来建筑的绿色模样

◎ 蒋云龙

"我们的高楼多是传统钢筋混凝土结构，建前要烧砖、挖砂，建造时还会产生大量废水、噪音、扬尘。"2020年年初，中国工程院院士、重庆大学教授周绪红团队的"高层钢—混凝土混合结构的理论、技术与工程应用"项目获得国家科技进步奖一等奖。在介绍项目最初思路时，周绪红说了上面这段话。他认为，未来的发展是绿色的发展，未来的建筑也应该是绿色的建筑。

"用钢量省30%至40%，综合成本降低约30%"

深圳平安金融中心，约600米高。建筑结构技术正来源于周绪红获奖团队的这项研究。

周绪红回忆，在国内基础建设刚起步时，各地都在筹谋建摩天大楼，"用混凝土建楼建不高，因为建材自重太重了，建到100米以上，安全性就会有问题。用钢材建呢？当时钢材多贵啊，建不起。"周绪红介绍，不仅自己，很多专家都在研究，该如何将两种方式结合起来，达到经济性和科学性的统一。

平安金融中心采用的"支撑巨型框架—核心筒体系"，就是周绪红的研究成果之一。平安金融中心通过采用这项新技术，总体用钢量比预计降低了近20%，节省资金过亿元。

"混凝土受压，钢结构受拉。这种建筑模式中，建筑中间是混凝土的筒状主体，周边结构用钢材。这样的楼，又高又稳。"周绪红解释，"据测算，我们的技术与传统钢结构技术相比，用钢量省30%至40%，综合成本降低约30%。"

不止于此，针对不同高度的建筑，周绪红团队针对性开发出高效新型施工技术，并提供了不同的结构体系、建筑规范。

"以前，100米、300米和800米的建筑要求都一样，那为了达到安全标准，就会造成大量建材的浪费。"团队成员、重庆大学教授刘界鹏介绍，针对不同情境，周绪红团队研发出4种结构体系："支撑巨型框架—核心筒体系"适用300—800米建筑，"钢管约束混凝土结构体系"适用100—300米建筑，"交错桁架结构体系"适用100米以下公共建筑，"钢管混凝土异形柱框架体系"适用于100米以下住宅。这4种结构，基本涵盖了高层建筑的高度和使用功能。

"钢结构资源消耗更少，对环境也更友好"

未来的建筑，该是什么样？

"我认为未来的房子，建筑构件在工厂里生产，直接用钢材铸造。"周绪红憧憬道，这些构件运到工地，可以直接焊接联结，一座座"钢楼"就这样拔地而起，相比传统钢筋混凝土结构，污染排放能降50%左右，"钢结构资源消耗更少，对环境也更友好"。

不过，这种设想不是没有人质疑。有不少人还找到周绪红辩论：钢铁的房子会不会易锈？能不能防火？能坚持多久？

对这样的质疑，周绪红有点无奈："这些问题都能解决，而且很好解决。混凝土的建筑很少有百年以上的，但是百年钢桥多的是，你说谁更持久？"

"当然，技术是一回事。目前，为了与经济社会发展相适应，达到安全性、技术性和经济性的平衡，所以我们现在的建筑还是更多采用混合结构。"虽然推崇钢结构，但周绪红并不盲目，他介绍说，目前来讲，钢结构的成本更高一点，要高10%到20%，而且也对建筑行业复合型人才提出了更高要求。

"相比建筑外表的'高'和'大'，绿色发展更重要"

"说真的，我还是希望可以有更多时间搞科研。"从重庆大学校长一职上退下来以后，64岁的他满身干劲，经常凌晨还在回复学生邮件，他说，"日子太快，时间太紧，可不能混日子。"

现在，他又带队成立了建筑智能建造团队，探索推动建筑行业向智能化绿色化方向发展。

走进他的实验室，电脑屏幕上成千上万的小型构件正在拼接，形成建筑方案的三维影像。构件哪里有缝、哪里过长，都一目了然。每一个构件的尺寸都能精准提供给工厂——这样制作的构件运到工地，现场就能拼装。

"现在技术发展的梗阻还是出在构件间的连接件上，精密度还是不够。产业链的不完善，影响了钢结构的快速发展和应用。"周绪红说，在国内各大城市，地标性建筑越来越多，高度越来越高，跨度越来越大，"相比建筑外表的'高'和'大'，绿色发展更重要"。

"现在看来，钢结构依然比钢筋混凝土贵，但是我们要看长远。"周绪红说，"建筑废弃后，拆除的钢材可以100%回收利用。但是砂石不可再生，越用就越少了。"

《人民日报》（2020年07月16日　第14版）

杨敬元

不怕山路远　守护丛林间

◎ 吴　君

> 在神农架国家公园，生活着川金丝猴的一个亚种神农架金丝猴。从以前半个月连金丝猴的影子都见不到，到如今杨敬元在研究基地吆喝一声就有金丝猴前来讨食——29年间，他寻觅着金丝猴的踪迹，不知走过了多少山路。他的研究，也让外界对神农架金丝猴有了更多的了解。

在海拔 2300 多米的湖北神农架大龙潭金丝猴野外研究基地，生活着一群神农架金丝猴。

"我爱这群活泼可爱的精灵，我相信它们也爱着我。"神农架国家公园科学研究院院长杨敬元与金丝猴相伴了 29 年，从艰难跟踪到与它们相遇、相伴并开展更多研究，杨敬元对金丝猴有了更深的了解。

背着帐篷翻山越岭，丛林深处寻觅行踪

中午时分，神农架大龙潭金丝猴野外研究基地热闹了起来。"来，来，来……"杨敬元揣着金丝猴爱吃的各种食物，边走边呼唤着。

"噫，噫，噫……"不一会儿，一大群金丝猴欢呼着从山上下来，像孩子一样围在他身边讨要吃的。这是杨敬元一天中最开心的时刻。

1991 年 7 月，21 岁的杨敬元从原湖北林校林业专业毕业，被分配到神农架自然保护区工作。1993 年，杨敬元跟随野生动物保护专家朱兆泉对神农架金丝猴的种群、数量及分布情况进行初步调查，从此开始了他对神农架金丝猴的研究。

当时，杨敬元要背着帐篷、睡袋等全套野外装备翻山越岭，每天行程 40 公里左右，还要冒着随时可能被熊、豺、毒蛇等攻击的危险穿梭于神秘的原始森林中，睡在雪地和潮湿的箭竹林里。

因为没有专门的研究经费，他和朱兆泉只能自带土豆、红薯、方便面等食物在野外充饥，紧随着金丝猴的行踪。

"有时候半个月连猴子的影子都见不到。"杨敬元说，最开始，金丝猴对他们充满戒备，"哨猴一发现人影，马上会跟猴群报告，猴群很快就消失在眼前"。

杨敬元近距离接触的第一只金丝猴名叫"阳阳",是一只雄猴。1995年春天,杨敬元接到当地村民电话,说是拾到一只受伤的金丝猴,他立刻赶去将金丝猴带回保护区治疗。

杨敬元专门给这只金丝猴搭了一个棚子,每天给它打针送药,经过细心治疗,它恢复了健康。后来他给这只金丝猴取名叫"阳阳"。

在和阳阳的相处中,杨敬元发现金丝猴很通人性,"我们就想对特定金丝猴种群近距离观察,了解、掌握金丝猴的生活和行为习性,找到更有效的方法保护它们。"从那时起,杨敬元有了建立金丝猴野外研究基地的念头。

朝夕相处终得信任,人工补食初步成功

"以前观察金丝猴只能拿着望远镜远远地看。"杨敬元说,最初,他只能通过粪便、毛发和一些金丝猴活动时掉下来的树枝来寻找金丝猴,找到以后再观察、取样,研究金丝猴的生活习性。

2005年,杨敬元的团队成立了神农架金丝猴保护研究中心,并在金丝猴的自然栖息地之一大龙潭建立了金丝猴研究基地。

杨敬元发现,金丝猴的主要食物是树叶、树芽、果实和树皮。而神农架海拔高,冬季山上经常下大雪、结冰,金丝猴的食物供给很难得到保证。杨敬元和他的团队准备在冬季对猴群进行人工补食。

然而,人工补食试验并没有杨敬元想象的顺利。金丝猴生性胆小多疑、警惕性强,要取得猴群的信任并不容易。

为了克服这个难题,杨敬元和他的团队整天出现在金丝猴的视野里,"最开始,我们与金丝猴的距离在1000米开外。"随着时间的推移,猴群逐渐放松了戒备,500米、400米、300米、200米、100米、50米、30米……金丝猴终于接纳了杨敬元的团队。

刚开始,金丝猴对杨敬元投喂的食物不屑一顾。于是,他就用金丝猴的自然食物松萝包裹苹果投喂。但是,金丝猴只吃掉了外面的松萝,苹果依旧完好。"金丝猴不吃也坚持投放。"杨敬元说。

终于有一天,杨敬元看到了转机,一只金丝猴吃完裹在苹果外面的松萝之后,拿起苹果咬了一口,然后又扔掉了。

一天后,那只金丝猴又啃了两口苹果;又过了一天,它吃掉了整个苹果。一些年轻而好奇的金丝猴也吃起苹果来。半个月后,整个猴群开始采食杨敬元补充的食物,人工补食试验取得了初步成功。

现在,杨敬元和他的团队每天会给金丝猴投喂两次食物。"我们的投喂只能占金丝猴采食的一小部分。"杨敬元说,对于金丝猴的生活,科研人员只需做好辅助工作,以便更好保证金丝猴的野外生存能力。

建立人工繁育基地,个体数量大为增加

"'噫……'表明金丝猴处在安静的氛围中,'呜咔'表示有危险,'咕咕'表示准备攻击。"如今,杨敬元已经能听懂十几种"猴语"。

神农架金丝猴作为川金丝猴亚种,不仅数量少,也是地理分布最东端的一个种群,以前外界对它们知之甚少。杨敬元先后独立或与他人合作在国内外核心刊物发表研究论文40余篇,6项成果被认定为重大科技成果。

杨敬元发现，繁殖和疾病是影响金丝猴种群延续的两大难题。他在2010年牵头组织申报了国家"十二五"科技支撑计划项目。经过3年时间，位于姊妹峰的神农架金丝猴人工繁育基地建立了起来。

杨敬元的团队采取人工繁育单元配置、隔笼、营养补充等措施，对野外金丝猴的繁育模式进行优化，有效提高了金丝猴的繁殖质量、繁殖效率以及幼猴的成活率。

"通过优化繁育模式，2017年3月至5月、2018年2月至4月，雌猴相继产下的两批小金丝猴，成活率均达到100%。"杨敬元说，"不过，现在我们还没有掌握金丝猴人工繁育技术，只能做一些辅助工作，还有很多难题需要攻克。"

2017年底，杨敬元团队与清华大学、中国林科院合作建设神农架金丝猴监测平台，用北斗卫星导航系统和无线传感器等技术开展监测。神农架国家公园科学研究院第三次金丝猴种群调查显示，金丝猴个体数量从1282只增至1471只，栖息地面积从210平方公里增至354平方公里。

大龙潭金丝猴野外研究基地，常年生活着80多只金丝猴，分布在8平方公里范围内，50多名工作人员全年驻扎在这里。研究基地也成了动物保护教育基地。

"只能远远地观看，不能投喂金丝猴。"杨敬元会对参观者特别嘱咐。这些年，进入杨敬元团队的年轻人也渐渐多了起来。"我永远不会忘记与金丝猴相伴的时光，我要用一生致力于金丝猴的研究和保护。"杨敬元坚定地说。

《人民日报》（2020年07月28日 第14版）

杨柏云

"花在哪里开,我就去哪里"

◎ 戴林峰

> 大黄花虾脊兰,全国野生资源现存量不足300株。日前在赣、湘、皖三省的深山密林中,却长出近万株新苗,标志着其人工繁育取得重大突破。
>
> 29年醉心兰科植物保育研究,13年扎根山野遍寻兰花踪迹,5年潜心破解大黄花虾脊兰的繁育奥秘……走遍山山水水,南昌大学教授杨柏云对各类兰科植物的分布了然于胸;为拯救珍稀濒危兰科植物,他带领团队攻克了重重难关。

"保护珍稀濒危兰科植物，是一场与时间的赛跑"

每年超过 1/3 的时间开展田野调查，蚂蟥叮咬、路遇毒蛇、被岩壁划伤……寻找兰花的路上，杨柏云吃过不少苦。但他却说，当幽幽兰香沁人心脾时，总觉得甜、觉得值。

不久前，杨柏云采回了一株极为罕见的毛萼山珊瑚。

毛萼山珊瑚是种腐生兰花，很难寻找，仅在每年开花的十余天里才可能被发现。接获线索后，杨柏云背起液氮罐便出发，驱车 700 多里，最终在罗霄山一处溪涧旁寻到了它的踪影。未承想，这株毛萼山珊瑚，竟有 1 米多高，拇指大的黄花开得美艳极了。

"花开有时，花落无期。误了一次，就会错过一年。"杨柏云说，"保护珍稀濒危兰科植物，是一场与时间的赛跑，花在哪里开，我就去哪里。"

以兰会友，与人同香。这些年，杨柏云帮助多个自然保护区和基层林业单位编纂兰科植物名录，与许多山民和基层林业工作者结成了"金兰之交"。在他的带领下，一支近 200 人的义务调查队逐步形成，足迹遍及江西 16 个国家级自然保护区。一旦在野外遇到兰科植物，大家便拍照分享。自 2007 年主持国家级重点课题"江西省野生兰科植物种质资源调查"以来，杨柏云团队把江西兰科植物种类从 80 余种丰富到 205 种，其中大多数线索来自"兰友"。

5 年前，一位相识甚久的林业工人传来张照片，让杨柏云眼前一亮——大黄花虾脊兰！

"试验没有捷径，只有重复、重复、再重复"

杨柏云即刻动身，在井冈山密林中徒步穿行十几公里，一抹金灿灿的亮色映入眼帘，顾不上湿滑的青苔，杨柏云侧身匍匐，对准镜头——叶片硕大翠绿、花序修长明艳，杨柏云心中笃定，这就是大黄花虾脊兰。

"叶面上的每一条纹路，我都要拍下来。"杨柏云暗下决心。彼时的大黄花虾脊兰已被列入极小种群保护名录，濒临灭绝。

"存在，就是希望！"杨柏云将标本带回实验室，立即开展繁殖生物学试验，可起初并不顺利。"万粒兰花种，萌芽仅二三。"杨柏云介绍，广种薄收是兰科植物的典型特征，由于缺乏胚乳，种子无法实现营养自给。加上大黄花虾脊兰未能发展出自花授粉和无融合生殖等保障机制，近交衰退风险大，无菌条件下的萌发时间长达120天以上，萌发率仅18%。

如何为种子萌发提供营养？他想到了共生真菌。但要想从数以万计的真菌库中，找到与大黄花虾脊兰最匹配的那个，无异于大海捞针。

"试验没有捷径，只有重复、重复、再重复。"自那以后，杨柏云的实验室常常灯火通明，历经上千次重复试验，一种高度匹配的共生真菌终于出现，能促使大黄花虾脊兰的种子在30至60天内突破种皮。研究取得重大进展，但寻找更多共生真菌的试验并未停止……

"希望珍稀兰花绽放在更广袤的山野中。"杨柏云身后的中国地图上，江西井冈山、湖南崀山、安徽泾县等地被标注了金黄色圆点。2019年底开始，杨柏云培育的近万株大黄花虾脊兰被分批移栽到这些地方。

"在花的世界里，感觉不到辛苦和累"

兰花可在地上、树上和石上生长，广泛分布在地球除两极和沙漠以外的每一个陆地生态系统中，是植物多样性保护的旗舰物种。杨柏云说，能让深谷幽兰留下馥郁芬芳，是件很幸福的事。

杨柏云投身兰科植物研究，与学生时代的经历息息相关。30多年前，他考入华东师范大学生物系，被介绍到生物园勤工俭学。谦谦君子，幽幽如兰，学校里倾心兰花的教授格外多。时隔多年，老先生们提兰吟咏的场景仍令杨柏云记忆犹新，从屈原的"纫秋兰以为佩"到王羲之的《兰亭集序》，这些故事让他着迷，潜移默化地受到了感染。

大学毕业后，杨柏云回到江西。在南昌大学生物学系，他潜心治学，和兰花一样生根、开花、吐纳芳华，相继被评为全国劳动模范、全国模范教师和全国科普先进个人，被聘为中国植物学会理事兼兰花分会常务理事、江西省植物学会理事长。

半生情系草木深，57岁的杨柏云已两鬓斑白，仍每天驻扎在实验室。"在花的世界里，感觉不到辛苦和累，因为生命是相互依存的。"杨柏云说，对极危兰花的保护也同样如此，把它们从濒临灭绝的边缘拯救回来只是第一步，更重要的是将其融入人们的生活，实现更深层次的保护。

《人民日报》（2020年09月02日　第14版）

王浩

四十年，走遍大江大河

◎ 谷业凯

> 参与南水北调研究、论证和规划，多次远赴西部开展水资源规划，呼吁建设"海绵城市"解决城市内涝问题……40年来，王浩院士一直在和水打交道，足迹几乎遍布中国各大江河湖泊。

中国水科院位于北京市海淀区玉渊潭南路上,永定河引水渠由此经过。不远处的小区里,就是水文水资源学家、中国工程院院士王浩的家。

虽然从自家小区到办公室只有几百米,王浩还是在办公室放了一张折叠床。"困了就睡觉,醒了就做事,吃饭也是就近在食堂吃一点。"谈及科研安排,王浩说,时不我待。

67岁的王浩一直在和水打交道,进入中国水科院水资源所工作,他一干就是40年,足迹几乎遍布中国各大江河湖泊。

关注"水问题"——
南水北调东线和中线,哪个先上?

截至2020年6月21日,南水北调中线一期工程累计调水306亿立方米,惠及四省市6700万左右人口。这一规模宏大的调水工程,是人水和谐理念的生动实践。当年,南水北调工程启动全面论证时,王浩参与了研究、论证和规划。

"当时专家们对先上东线还是先上中线进行了讨论。"王浩回忆,"东线有利的方面在于,沿途自南到北的一系列湖泊具备调蓄能力;京杭大运河也可以适当拓宽,工程难度小、保险系数高。"

"东线的水质比不上中线,需要提水,运行费也比较高。中线的好处是覆盖面广,受益区大,缺点就是没有调蓄能力。"王浩说,"我们主张先上哪个都行,两条线并行作业,哪个先通都行,最后我们的方案被采纳,工期也只相差一年。"

看似折中的方案,其实是经过反复讨论、充分论证才得到的"解"。水文水资源研究经常要面临"两难"甚至"多难"选择。

当前我国的水资源总量大，人均少，时空分布不均匀，与经济社会发展需求不相匹配，洪涝灾害、水资源短缺、水环境污染、水生态系统退化等新老水问题叠加，极端和突发事件等"非常规水问题"也有上升趋势。这些问题症结何在？

王浩认为，不论"水问题"的表现形式如何，其原因都可归结为流域水循环所导致的失衡问题。

供给有限、需求旺盛，既要保证生产生活，又要兼顾生态平衡……经过多年潜心研究，王浩系统提出"自然—社会"二元水循环理论，在水利、环保、林业等领域得到了广泛应用，取得了显著的社会经济与生态环境效益。

摸清"水家底"——
伊犁考察，摸黑起早走800多公里

王浩走遍了祖国的大江大河，其中，给他留下最深刻印象的当属上世纪90年代在西部做水资源综合规划的经历。

当时，塔里木河、额尔齐斯河、伊犁河流域以及天山北坡17条年径流量超过1亿立方米的河流，都需要做水资源规划。

新疆土地面积约占全国的1/6，但水资源仅为全国总量的3%。如何帮助新疆高效合理地利用水资源？沉甸甸的责任压在了王浩肩上。1993—1995年期间，王浩每4个月才回北京一趟，剩下的时间基本上都"扎"在新疆。

"路程太远，经费又紧张，住在当地能专心研究。"王浩说得轻描淡写，但出野外着实是件苦差事。"当时伊犁没有机场，从乌鲁木齐开车过去要走800多公里，路也不好，我们早上摸黑起来，晚上

也要天黑了才能到。"他回忆。

1994年10月底的一天，王浩和研究团队路过果子沟、即将进入伊犁河流域时，突遇暴风雪，道路全部被积雪覆盖。为了节省燃油，一行人硬是在车里冻了一宿，第二天中午才把车开出去。

1996—2000年，王浩继续担任西北水资源项目的技术负责人，主持西北6个省份的水资源承载能力与合理配置研究，为西部大开发战略的实施奠定了坚实的水资源规划基础。

有水才有生态系统，有水才能有人。西北生态脆弱区的景象深深印刻在王浩的脑海里，这也让他对生态流域建设有了更深入的思考。他认为，要解决我国的水问题，生态流域的建设和保护十分重要，"要通过一系列调控措施实现良性的水循环，使水与人类社会相适应。"

多年的科研生涯中，王浩经常一年有200多天出差在外。如今年过花甲，他仍然经常奔波在一线。"中国这么大，只有多跑跑，才能把我们的水家底摸清。"他说。

瞄准"水需求"——
研究海绵城市，解决城市内涝问题

哪里有需求，就向哪个方向发力。比如，有的城市经常发生内涝，王浩就提出了以"一片天对一片地"为核心的海绵城市建设模式。

"城市水问题的本质是城市水循环的失衡，海绵城市建设就是要通过一系列措施实现城市良性水循环，使水与人类社会相适应。"对此，王浩将海绵城市科学内涵概括为"洪涝海绵化、黑臭清洁化、雨水资源化"三个方面——通过海绵化设施降低并延缓洪峰极值，减少城市的雨洪积水；加强点源污染控制和面源污染防治，同时开展水生态修复；把雨水视为资源，尽可能把更多的雨水滞留在当地，补充生态用水和社会经济用水。

因时制宜、因地制宜、实事求是，是王浩多年来一以贯之的治学原则。他提醒，要防止在海绵城市建设过程中搞"一刀切"，不同地域的城市应当采用不同的策略。

谈及学习水利专业的初心，王浩说："水利是个苦专业，但既然干了这行，就要干出一番事业，个人目标要和国家需求紧密结合。"

40年来，王浩用自己扎实的研究推动着水文水资源学科的发展。如今，他的许多学生已经成长为我国水资源科技保障的中坚力量。他们也和王浩一样，活跃在祖国的江河湖泊之畔、城市农村之间。

《人民日报》（2020年10月13日　第14版）

黄邦钦

"一粟"之中读沧海

◎ 颜 珂

> 浩瀚海洋中,体量仅微米级的浮游植物,是比"沧海一粟"更小的存在。浮游植物扮演着怎样的角色?从其组成的细微变化中,又如何窥探海洋变化?
>
> 厦门大学近海海洋环境科学国家重点实验室首席科学家黄邦钦,从浮游植物入手,在我国近海开展了百余航次现场研究,建成了配套参数齐全的浮游植物实测数据集。

"大鱼吃小鱼,小鱼吃虾米,虾米吃浮游植物。"谈起自己研究的对象,今年 56 岁的黄邦钦打开了话匣子,"海洋浮游植物是一类单细胞的光合自养生物,是海洋的初级生产者,也是海洋生态系统的基础。"

这位厦门大学近海海洋环境科学国家重点实验室首席科学家、国家杰出青年科学基金获得者,用 30 多年时间在我国近海开展了 150 航次的现场研究,建成了配套参数齐全的浮游植物群落生态学实测数据集。

窥探海洋里的"大千世界"

1988 年,黄邦钦从厦门大学生物系毕业,硕士毕业论文即以海洋硅藻为研究对象。彼时,厦门大学海洋生物地球化学研究组刚成立,急需生物专业人才,加入该研究组的黄邦钦由此开始了海洋生态学与全球变化研究。

浮游植物处在海洋经典食物链的底层。黄邦钦说,作为海洋蛋白质的基础提供者,浮游植物通过能量和物质传递供给食物链上游,也影响着食物链上游的生物资源,"比如海洋渔业资源,如何确定合理捕捞量,就离不开对浮游植物初级生产的研究"。

"不同海域,浮游植物的多样性不同,为什么会有差别、哪些环境因子会造成影响都是我们关注的对象。"黄邦钦说。

探秘近海海洋储碳过程

近年来,黄邦钦的研究重点是海洋生物泵。在海洋中,浮游植物可以通过光合作用固碳、储碳,从而降低大气中的二氧化碳浓度,调节全球气候。有光层海水里的浮游植物，通过光合作用固碳，将溶解在海水里的二氧化碳转化为固体的有机碳，其中一小部分在海水中沉降，深埋于深层海水中，学界将这个过程称为"海洋生物泵"。

海洋生物泵的效率其实不高，但是其过程十分复杂。大量浮游植物经食物链传递和呼吸分解作用，将碳"送"回大气，只有不到10%的碳能通过沉降深埋。即便如此，因为海洋体量庞大，海洋吸收的二氧化碳也占到了人类排放总量的近30%。不难想象，如果没有海洋，大气里的二氧化碳浓度会大幅增加。

能否通过深入系统的研究，探讨增加海洋碳汇潜力的可能性，为未来地球环境工程可能性提供依据？这正是黄邦钦近年来研究海洋生物泵的愿景所在。2016年以来，他作为国家重点研发计划项目的首席科学家，领导一项针对海洋生态系统储碳的研究，其目标就是揭示近海海洋储碳的过程及其影响因子。

"浮游植物的种类和海水性质等因素都会影响到海洋固碳、储碳的速率、效率和过程。"黄邦钦说，靠近大陆的近海，因营养丰富，浮游植物更为"茂盛"，其面积虽然不到海洋面积的10%，固碳能力却高达28%，碳汇潜力较高。

数十年积累，建成实测数据集

一台购于1997年的老式显微镜摆放在黄邦钦的实验室里。这台显微镜体积小，便于携带，他每次出海观测都喜欢带。海水腐蚀留下的斑点遍布显微镜镜身，斑点里都有他出海的记忆。

1987年12月，还在读硕士研究生的黄邦钦第一次出海参与一线观测研究，就真切体会到了出海观测的艰辛。大风大浪中颠簸，晕船的难受感从未停止过……"第一次出海就被来了个'下马威'。"他笑言。

但他依然渴望出海，珍惜每一次一线观测的机会。一个出海航次历时少则两周、多则一个多月，为节约出海时间和科考船费用，黄邦钦每天很少休息。"船到达指定采样地点，不论是白天还是黑夜，都要立马投入工作。"黄邦钦说，要获得连续的昼夜变化数据，需要开展连续多日采样，他曾一次连续工作72小时，只为尽量多地获取观测样本和数据。

2000年11月，黄邦钦和同事们曾在海上与台风正面相遇，最大浪高达11米，科考船摇摆幅度曾达40度。黄邦钦抓着扶手在床上颠了20多个小时，"那时候只能躺着，根本无法站立，现在想来都后怕。"

黄邦钦出海观测的轨迹被浓缩在一张实验海域图上，每一个原点代表着他们做过实验的观测点。

150航次的现场研究，约2万个浮游植物样本、70万条数据，数十年的坚持换来了如今让他引以为豪的成果——建成了配套参数齐全的浮游植物群落生态学实测数据集。同一海区的观测数据，最长时间跨度已有20年。

这套数据集也是他眼下研究海洋生态系统长期变化和海洋生物泵的"宝贝"。不过在他看来，距离真正读懂海洋生态系统和海洋生物泵的路途依然漫长，"海洋太复杂，还有很多奥秘需要我们去探索。"

《人民日报》（2020年12月14日 第14版）

阿比达亚特

我们的草原你的家

◎ 李亚楠

在新疆卡拉麦里山有蹄类野生动物自然保护区乔木西拜野马野放监测站，记者见到管护员阿达比亚特时，他正忙着准备草料。几天时间，他在监测站和几百公里外的奇台县草料地之间已经跑了两个来回。连轴转的日子，让这个39岁的哈萨克族汉子显得有些疲惫，他一边跟记者聊，一边不时伸出拇指按压太阳穴。

"我带你去看野马吧，边走边聊，我吹吹风也清醒一点。"阿达比亚特说。这是他守望世界唯一的野生马种——普氏野马的第十九年。

"没有好眼神，干不了我们这个工作"

拎着望远镜和装着野外监测表格的包，阿达比亚特带我们从监测站出发，沿着车辙不断深入保护区腹地。地表长满了驼绒藜，下面是坚硬的土包，车跑在上面不停地晃。阿达比亚特已经完全习惯了这种颠簸。

这天风格外大。"看左前方，那里有一群！"顺着阿达比亚特手指的方向看去，依然是一眼望不到头的苍茫，哪里有野马的影子？

"你等一会儿，车再往前开就能看到了。"车又前进了一点，终于模模糊糊看到几个黑点，用望远镜看，果然，大大小小 18 匹马正悠闲地啃食。"没有好眼神，干不了我们这个工作！"阿达比亚特有点自豪，"他们都说我眼睛比望远镜还好使。"

作为监测组组长，阿达比亚特能根据自己多年的经验很快找到目标。年轻的组员说起来满脸都是崇敬："他好像给每个野马种群装了跟踪器，只要他出去巡视，总能找到不少野放种群。"

放下望远镜，阿达比亚特拿出 GPS 定位器和野外监测表格，将日期、天气、巡护路线、经纬度和种群数量等一一填好。"野马活动的区域不断扩大，它们已经熟悉了乔木西拜的几个水源，不怕跑远了回不来。夏天在水源地周围 20 多公里的范围内活动，冬天下雪了不受水源地影响，它们的活动范围能达到七八十公里。"阿达比亚特说，野马监测的难度越来越大，有时候一天出去跑上百公里，却见不到几个野马种群，"如果当天找不到，第二天接着找，直到找到并掌握所有野放野马种群的情况——这对种群保护非常重要。"

"野马的种群数量正在稳定增长"

到离马群比较近的地方,阿达比亚特停下车开始步行,"不能开车,会惊到马群。我们要尽量不干预它们的生活。"阿达比亚特解释说,"经过我们这么多年的野放努力,野马的种群数量正在稳定增长。2001年首次野放的普氏野马只有27匹,到2019年底,陆续野放了16批次共110匹,保护区内野马数量已达到240匹。野放的野马通过与野驴和鹅喉羚的共处,野性也在逐渐恢复。"

阿达比亚特熟悉乔木西拜的每个水源地和每个野马种群活动的区域,他远远地通过望远镜观察,尽量不去打扰它们。在巡视中,遇到新鲜的野马粪便,他还会用镊子一点点拨碎,从中了解野马的健康状况。

但若遇到灾害天气,还是不能对野马放任不管。"遇到雪灾,野马找不到草,我们就在监测站旁边或者到它们经常活动的区域投放草料。今年夏天干旱,我们就拉水到各个水源地,实施人工增水。"阿达比亚特说。

为了在不打扰野马的情况下做好监测工作,野放区域内3个野马常活动的区域都安装了摄像头。阿达比亚特每天早晨起来的第一件事,就是在屏幕上寻找野马的踪迹。"但很多丘陵地带还是拍摄不到,仍需要人工监测。"他说。

"应该尽职尽责地守护它们,让它们在卡拉麦里的原野上尽情奔跑"

普氏野马发源于新疆准噶尔盆地,曾因捕猎和环境问题一度灭绝。为拯救这一物种,我国自1985年起陆续从国外引回普氏野马,并在新疆野马繁殖研究中心进行保护、繁育和放归。

2001年，阿达比亚特高中毕业，应聘到野马繁殖研究中心当了一名饲养员。当时野马数量不多，野马归乡后的首次野放也即将进行，大家都格外细心。"每匹马都有自己的编号，我们记录的工作日志具体到每匹马几点吃草、吃了多少、几点排尿、几点睡觉。遇上野马产驹，更是要整夜守在马圈外。"他说。

2005年，阿达比亚特进入卡拉麦里山自然保护区从事野外监测工作。对于戈壁荒滩上的管护人员来说，最大的困扰是无边的寂寞，阿达比亚特常常一个人蹲在山头，静静地看野马吃草、喝水、玩闹。直到三十几岁，他才和妻子哈布拉·吾努尔汗结婚。之后，哈布拉也成了一名管护员。直到2018年，因为孩子上学问题，哈布拉才调到位于阿勒泰地区富蕴县恰库尔图镇的管护站工作。每个月，阿达比亚特工作22天、休息8天，休息的日子，他会回到恰库尔图镇的家中看望家人。

"要说苦不苦，你看今天这太阳，看着暖暖的，但是风吹得手都能冻僵。"阿达比亚特说，自己说不出什么大道理，他只知道，"野马回到了故乡，就应该尽职尽责地守护它们，让它们在卡拉麦里的原野上尽情奔跑"。

《人民日报》（2020年12月16日　第14版）

任继周

"还想要多发一份光和热"

◎ 付 文

> "每天都感觉时间不够用,还想要多发一份光和热。"尽管已经97岁高龄,但任继周说,草业科学研究路途漫漫,不能停下脚步。
>
> 任继周是我国草业科学的奠基人之一。1950年,他和妻子从江苏南京远赴甘肃,71年扎根西北大地,从事草业相关的教学与科研工作。

在他身上，有多个"第一"：研制出我国第一代草原划破机——燕尾犁，创建我国高等农业院校第一个草原系，主持制订我国第一个全国草原本科专业统一教学计划，成为我国第一位草原学博士生导师……

科学报国，为改变国民膳食结构投身牧草学

"我曾念过5个中学，大都不超过半年。"任继周说，读中小学时，他在鲁鄂川渝等地辗转。当时读书条件非常艰苦，就连课本也是倒茬使用，"高年级读完，再传给低年级"。

彼时，任继周体弱多病，身边的青少年也大多如此。忍饥挨饿的同胞们营养不良、面黄肌瘦的情形，让他暗下决心报考畜牧专业：改变国人膳食结构、让国人更加强壮。

1948年大学毕业后，任继周接到我国著名兽医学家盛彤笙的邀请，受聘于兰州国立兽医学院。"盛先生也认为国人体质孱弱，决心改变国民食物结构。这和我的想法不谋而合。"任继周说。

经学校安排，任继周又以兽医学院助教的身份，留在南京跟随我国草业科学奠基人王栋教授进修牧草学。1950年，任继周离开南京前往兰州。"为天地立心，为生民立命；与牛羊同居，与鹿豕同游。"临行之前，王栋如此赠言，勉励他扎实工作、踏实做人，做出一番事业。

这注定是一段艰难的旅程：当时，从西安到兰州还没通火车，走土路、睡土炕，任继周用了21天才抵达。到达兰州后，他马上开始调研，花了一年时间走遍甘肃，对全省草原状况进行了初步考察。

"甘肃生态类型丰富多样，横跨长江流域、黄河流域，还有内陆河流域的荒漠地区。从湿润到干旱、从低海拔到高海拔，这里草地类型丰富多样，我可不能放过这块宝地。"他在甘肃扎下根来，潜心研究草业科学。1954年，任继周执笔的《皇城滩和大马营草原调查报告》出版，这是我国第一部草原调查专著。

夜宿高原，建立首个高山草原定位试验站

要深入开展草原定位研究，必须建立试验站。

1954年，任继周在位于青藏高原东缘的甘肃天祝藏族自治县境内海拔3000米的马营沟开始定点观测，"实验室"是两个帐篷。高山上的夜晚很冷，6月都会结冰，实验需要的蒸馏水瓶常常被冻裂。为了保护瓶子，任继周等人常把瓶子抱在被窝里睡觉。行军床底下总冒凉气，后来他干脆在地上铺灌木、灌木上再铺草打地铺。

这是我国第一个高山草原定位试验站。"夜闻狼嚎传莽野，晨看熊迹绕帐房。"任继周曾如此记载当年状况。两年之后，马营沟试验站才盖起了几间房子。

建站初期，任继周每周前3天在兰州教学，后4天到试验站工作。从火车站到马营沟，山路蜿蜒崎岖，河水冰冷刺骨。为了不耽搁上课时间，他凌晨4点钟就得起床赶火车。就是在这样艰苦的条件下，任继周在全国率先开展了草地改良研究。

通过实地观察，他发现青藏高原的草场是草根絮结密实的草毡土，不透水、不通气，牧草也长得不好；而在一些老鼠洞旁边，草却很茂盛。于是，他开始了划破草皮试验。在当时搞农机研发的部门帮助下，燕尾犁被成功研制出来。不翻土，仅划破草皮且不破坏草原，燕尾犁可增加通气、透水效果，原来仅有两三寸高的草能长到半米左右，产量成倍增长。现在，划破草皮已成为我国内蒙古、四川、西藏、甘肃、青海等省份大规模改良草原的常规方法之一。

1973年，任继周带领的学术集体还提出了评定草原生产能力的指标——畜产品单位。这一指标体系的提出，结束了各国各地不同畜产品无法比较的历史，后来被国际权威组织用以统一评定世界草原生产能力。

编写教材，坚持草业科研和教学有机结合

1951年，兰州兽医学院更名为西北畜牧兽医学院；1958年，学校从兰州迁到武威黄羊镇，与正在筹建的甘肃农学院合并，组建甘肃农业大学。

自1950年执教以来，任继周始终没有脱离草业科学的教学工作。他几乎参与了中国草业科学教育发展的每一个阶段，培养了我国早期草业科学界的大部分人才。

始终坚持草业科学研究和教学工作有机结合，任继周以深厚的科研积累，融入草业专业教学；又通过本科生和研究生教学使科研成果系统化，提出新的理论体系，指导传统课程创新和新课程创建。在扎实的草原学调查基础之上，任继周编写的《草原学》教材，成为我国高校第一部草原学教材。

"1972年，我到甘肃农业大学读书，任先生上的第一堂课，不是讲授具体的专业知识，而是讲草原学是干什么的、学了有什么用，大概相当于现在的专业导论。他的课讲得生动有趣，能使人强烈感受到草原学的深厚文化底蕴。"任继周的学生、中国工程院院士南志标教授回忆。毕业时，任继周给南志标提了3点要求：学哲学、学英语、利用好时间。这 3 点要求一直激励着南志标,他最终成为我国草业科学领域的第二位院士。

1964 年,在任继周的倡导下,甘肃农业大学畜牧系创办了草原专业,以后又独立发展成为我国农业院校第一个草原系;1977 年,他主持制订了以草原调查与规划、草原培育学等专业课为重点的我国第一个全国草原本科专业统一教学计划;1983 年与 1991 年,他牵头制订或修订了"攻读草原科学硕士学位研究生培养方案""攻读草原科学博士学位研究生培养的要求",对规范我国草原科学研究生培养工作、提高整体培养质量起到了重要作用。

坚守西北,90 岁仍坚持在课堂上授课

1985 年,甘肃临泽县一个面积 5000 亩的牧场因老化、负担重而无人管理。经与当地沟通,任继周建立了荒漠草地试验站,种植牧草并开展相关研究。

借鉴物理学系统耦合概念,任继周在研究过程中,首先提出农业系统耦合、系统相悖理论,指出草地农业中不同亚系统间的系统相悖是中国草地退化的根本原因,而不同亚系统间的系统耦合和草地农业系统外延与种植业、林业等系统的耦合是遏制草地退化、提高草地生产能力、实现可持续发展的根本途径。这得到国家科学基金委支持,这一理论的应用,实现了山地(祁连山)—绿洲(临泽)—荒漠(北部荒漠)系统耦合,试验区产能提高了 2.5 倍。

任继周带领学术团队在黄土高原、云贵高原、青藏高原及沿海滩涂地区,开展了深入的草地农业生态系统研究,逐步形成了草地农业生态系统科学的理论体系。2009 年,兰州大学草业科学学科设计与人才培养体系建设获得国家级教学成果特等奖。

1995年，任继周当选中国工程院院士，这也是我国首位草业科学领域院士。国内的一些地区以及国外高校和科研机构纷纷向他发出邀请，但都被他一一拒绝："我的草原生态研究所就在兰州，我哪里也不去。"

2002年，任继周到兰州大学草地农业科技学院担任名誉院长、博士生导师。在2004年，80岁的任继周还在着手主编《中国农业系统发展史》和《中国农业伦理学史料汇编》。2014年秋，经过多年准备，"农业系统发展史"与"农业伦理学"课程在兰州大学开班。"农业伦理学"第一课上，90岁高龄的任继周思维敏捷，一个小时全程站立授课。之后，他又积极组织编写并出版《中国农业伦理学导论》。

由于贡献突出，任继周获得了新中国成立60周年"三农"模范人物和新中国成立70周年"最美奋斗者"荣誉。

《人民日报》（2021年02月18日　第13版）

孜孜育种　愿杉林葱茏

◎ 寇江泽

> 云杉大多分布在自然条件艰苦、人迹罕至的地区。因苗期生长较慢、生长周期较长，云杉的育种研究及成果也相对较少。
>
> 中国林业科学研究院林业研究所研究员王军辉苦心钻研云杉遗传育种20多年，创新育种技术，构建育苗新体系，缩短育苗周期，推动研究成果转化为生产力。

"不同种的云杉,针叶排列方式以及球果大小、颜色等,都有很大差异,对环境的适应性也有很大不同。"对于云杉的形态特征和生活习性,中国林业科学研究院林业研究所研究员王军辉摸得门儿清。

云杉早期生长缓慢,从育种、育苗到造林周期都比较长,但哪怕只是看到林子一点点的新变化,王军辉的心里都由衷地高兴。回首20多年云杉遗传育种研究的经历,王军辉感慨:"青海、甘肃等地的大大小小200多处云杉实验林,就是我最大的收获。"

走遍云杉各主要分布区,建立系统种质资源库

云杉属于松科,树干高大通直,可长至40多米高。从云南白马雪山、香格里拉到新疆天山、伊犁,从四川稻城、木里到西藏林芝等高海拔地区,一株株云杉笔直挺立,用通天的躯干守护着一方水土。

"云杉分布广,具有很强的适应性,是防止水土流失的理想树种,对于调节气候也有重要作用。"王军辉表示,研究云杉的遗传育种,就是通过选优、杂交等,从种源上对云杉进行树种改良,让云杉速生丰产、木材更优质,同时保护其遗传多样性,更好地发挥生态效益。

2000年,王军辉从北京林业大学林木遗传育种专业博士毕业后,来到中国林科院工作,起初的研究方向是落叶松。云杉的分布海拔比落叶松高一些。当时,国内云杉相关研究还比较少。另一方面,虽然云杉早期生长慢,但是后期生长快,且材质轻软、纹理通直、声学性能好,具有很高的研究价值。在林木遗传改良专家马常耕和中国工程院院士张守攻的指导下,王军辉确立了云杉遗传育种这一研究方向。

要提高人工林的产量和品质,必须选育林木良种,而丰富的遗传种质资源，是持续遗传改良的基础。王军辉研究工作的第一步，就是建立云杉种质资源库，摸清云杉种质资源并进行系统分类。

从 2000 年开始，王军辉的足迹遍布青海、甘肃、四川、西藏等云杉主要分布区。

云杉分布区大多自然条件艰苦、人迹罕至，调查、选取优良个体是个苦差事。2000 年 9 月，王军辉听说四川甘孜藏族自治州有一块林分比较好的云杉天然林，但路途很远，也不通车。

"选优，就必须选择这种天然林分比较好的单株，树木高大、树形圆满，没有病虫害和损伤。我当时和当地林业局的同志一起，来回一共步行了 10 个多小时。那块云杉天然林郁郁葱葱、茂密挺拔。我们那次收获颇丰，选了 40 多棵优树，把种子采回来。"王军辉说，"这些第一手的调查资源，为我后续的云杉遗传改良研究奠定了坚实的种质材料基础。"

摸清云杉秉性，大大缩短育苗周期

云杉是出了名的"慢性子"。"云杉相关研究少，一个很重要的原因是它长得太慢了。"王军辉说，云杉正常育苗 7 年才能长到 40 厘米到 50 厘米高，要满足出圃标准，时间上等不起。

因为这个原因，王军辉心里也一度打过退堂鼓。马常耕老先生的勉励改变了他的心意："林木育种研究，与树同候，要坐得住冷板凳，耐得住寂寞。"

一边收集云杉种质资源，另一边同步建实验林。如何用最短的时间建成实验林，成为摆在王军辉面前的又一道难题。

根据传统的植物生理学，适宜的光照、温度，是植物生长重要的外部条件。王军辉研究发现，云杉是前定生长树种，当年育苗期间的人工处理对第二年的生长有影响，当年的芽第二年生长，但是过了7月份就会休眠，且在野外一年生长时间也就两三个月。

王军辉思索着，既然野外条件不合适，能不能人为调控光照、温度，加速云杉幼苗生长？

"光照有很多讲究，强度多少、需不需要梯度变化、时长多少、光谱范围如何，这些都需要一点点去试验。"王军辉说，2000年左右的时候，市场上要找一个合适的灯具很难，"那会儿，几乎跑遍了北京的市场，联系了很多灯泡厂，有时甚至还得自己改造。"

温度调控也是如此。王军辉和青海省大通回族土族自治县东峡林场合作，经过一点一点地摸索和反复试验，终于发现了不同云杉种补光的最佳光源和光谱范围，最终构建了以延长光照为主的光温综合调控强化育苗新体系。

就这样，云杉属27个树种的种子育苗时，经3年补光，绝大多数苗高可达20厘米以上，育苗周期缩短3—5年，3年就能达到国标造林苗木规格和质量。

创新繁育技术，推动林业育种研究成果转化成生产力

"林业育种研究成果不能停留在实验室里，还要转化成生产力。"王军辉说，这其中的关键就在于，选育出成材快、适应性好的良种，并把繁育成本降下来。

截至目前，王军辉和他的团队选育出了适应西南地区的丽江云杉、川西云杉，绿化树种蓝云杉、白云杉等，并初步筛选出6个优良种源，选出红皮云杉优良家系58个，科技成果在甘肃小陇山、湖北宜昌等地进行规模化应用，培育种苗 300 多万株。

2019 年 10 月，王军辉入选国家百千万人才工程，并被授予"有突出贡献中青年专家"荣誉称号。如今，高新技术正在林业育种中发挥越来越大的作用，这也成为王军辉新的研究方向。王军辉告诉记者，他和团队已经攻克了胚性细胞团诱导、体细胞胚胎分化等关键技术。

《人民日报》（2021 年 03 月 03 日　第 12 版）

陈爱林

倾力守护"化石宝库"

◎ 叶传增

2020年8月,云南澄江化石地自然博物馆正式开馆,免费向公众开放。截至2021年2月,该馆吸引游客60万余人次。澄江化石地自然博物馆受人关注,云南玉溪师范学院古生物研究中心主任陈爱林深感欣慰。

1995年,从南京大学古生物专业毕业的陈爱林来到当时的澄江县(现为澄江市)工作,从此和澄江化石结下不解之缘。20多年来,他参与澄江化石的修复和保护,默默守护着这片"化石宝库"。

参与研究"昆明鱼"化石，为寒武纪生命大爆发提供例证

"昆明鱼"化石 20 世纪末在澄江化石地被发现，陈爱林认为这是澄江化石地自然博物馆的镇馆之宝。昆明鱼生活在距今 5 亿多年前的寒武纪时期。它的发现把人类所知的脊椎动物的出现时间向前推进了约 4000 万年。

昆明鱼、奇虾、抚仙湖虫……陈爱林对澄江的"宝贝"如数家珍。自 1984 年 7 月澄江动物化石群被发现以来，这里已发掘出 20 个门类、280 余种寒武纪珍稀动植物化石，且 80% 属于新种。

陈爱林介绍，研究发现，澄江化石地精确记录了寒武纪早期生命大爆发的史实，是寒武纪早期生命大爆发最好的例证。同时，澄江化石具有显著的物种多样性特征，展示了完整的寒武纪早期海洋生物群落和生态系统，是了解寒武纪早期生物群落结构的最好窗口。

对开采的化石进行修复，让化石得到有效保护

2012 年 7 月，在第三十六届世界遗产大会上，澄江化石地被列入世界遗产名录。

结果公布那一刻，作为申遗代表团成员之一的陈爱林，思绪飘回和澄江化石初次相遇的时候。

1995 年，陈爱林来到澄江工作。在文化馆一个角落，陈爱林看到了他心心念念的古化石：12 个绿色的展柜、40 余件化石标本……陈爱林发现，展品的标签有不少年代和名称的错误。由于展柜没有灯光，化石看上去黑乎乎一片。

听同事介绍了情况，陈爱林才知道，原来，当时澄江既缺少从事古化石研究和保护的专业人才，也缺少资金支持。他写信给大学同学，请他们帮助复印有关论文；利用周末和假日，步行到离县城8公里外的帽天山采集化石；修复化石、写论文……就这样，积少成多，为日后澄江化石地申报国家地质公园、世界自然遗产打下了一定基础。

1997年5月，云南省人民政府和中国科学院在澄江召开保护澄江动物化石群现场会，建立了澄江动物化石群省级自然保护区，并成立了保护区管理委员会。陈爱林进入管委会工作。2001年3月，澄江化石地的核心区域——帽天山成为全国首批国家地质公园之一。

倡导帽天山生态保护，参与澄江化石地申遗工作

自澄江化石被发现起，化石遗迹保护和磷矿开发的矛盾就一直存在。陈爱林一直呼吁在帽天山国家地质公园暂停磷矿开发、加强澄江化石地的保护。

为了保护澄江化石地，当地政府果断关停帽天山周边14个磷矿采集点，同步推进生态修复、土地退耕、环境整治等工作。与此同时，陈爱林也在思考如何让澄江化石地为地方经济发展服务。2003年，陈爱林发表了一篇论文，提出将澄江化石地申报世界自然遗产。如此，既能改善化石保护现状，也可推动当地旅游业发展。

在第三十六届世界遗产大会上，他负责宣传、解释澄江化石地的价值与保护状况，推动申遗工作取得成功。

2015年10月，陈爱林调到玉溪师范学院工作。他创立了玉溪师范学院古生物研究中心，还和同事开设了4门与澄江化石地有关的通识课，深受同学欢迎。

"化石还原地球的过往，是生命的记录者，保护化石是人类共同的责任""课上不仅学到了化石的知识，也被那些为化石保护奉献青春的古生物专家所感动"……陈爱林的书柜里放着厚厚几摞信纸，里面是选修澄江化石地课程的同学们的结课报告。陈爱林说，感到劳累时，他会把这些报告翻出来看一看，便觉得心中又充满了力量。

《人民日报》（2021年06月09日　第14版）

为城市种下有历史的树

◎ 黄晓慧

> 城市植物园对一座城市的生态环境保护有着重要作用。10多年来，上海辰山植物园执行园长、教授级高级工程师胡永红和同事们一起，抢救濒危植物、优化城市树种，在为城市提供更好生活空间的同时，也助力植物园更好守护城市生态环境。

午后，一场大雨冲刷着上海松江的土地。一个多小时后，雨停了，上海辰山植物园一号门前潮湿却无积水，一排北美枫香树更显葱郁。能让行道树喝饱水又不受泡水之苦，辰山植物园是怎么做到的？

秘密就藏在 1.5 米见方的种植坑中。直径 5—6 厘米的碎石混着泥土，既透气又耐踩轧，碎石缝隙中树木的根系稳固生长，还实现了储存雨水的功能。这是上海辰山植物园执行园长、教授级高级工程师胡永红带领科研团队研究出来的种"城市树"妙招。

在胡永红 25 年的工作经历中，这样的妙招不胜枚举。他先后承担国家和上海市科技项目 50 余项，总结出一系列成果。

与时间赛跑，抢救濒危植物

自辰山植物园开建起，胡永红便拉了一张长长的物种收集与保护清单。经过 10 多年的努力，辰山植物园收集各类特色植物 18195 种，物种丰富程度在全国仅次于中国科学院西双版纳热带植物园。

抢救濒危物种，是在和时间赛跑。辰山植物园首先就近抢救的是华东地区的极度濒危植物。2006 年，辰山植物园的科研人员从普陀山采回了几十粒普陀鹅耳枥的种子，联合中科院上海植物生理生态研究所的专家，开展繁殖生物学科研攻关。

当时，由于过度砍伐，普陀鹅耳枥从 20 世纪 70 年代起，在普陀山就只发现了 1 株。此外，它结出的几千粒种子，只有极少数能发芽。胡永红和同事们把种子泡在水里，对于其中有可能会发芽的，采用组织培养的方式一遍遍实验。经过 5 年钻研，终于将发芽率提高至 67%，并由此繁殖了近千株小苗。

当年高考报志愿时，胡永红填的3个全是农林专业，"当时读农林专业不仅免学费，还能拿补助。而且，我想园林专业嘛，种树种地，我在行啊。"

可当他到了东北林业大学园林专业学习时，才发现远不是他想得那么简单。包罗万象的园林专业，囊括了土壤学、气象学、生态学等多个学科的相关知识，他一路读到了北京林业大学的博士。

胡永红带领平均年龄33岁的科研团队，开展植物学、城市园艺学等科学研究。辰山植物园还建成了"华东野生濒危资源植物保育中心"和"上海市资源植物功能基因组学重点实验室"。

让植物在城市生长得更好

"在辰山植物园种下的每一棵树，我们为它预留的都不是两三年的生长空间，而是50年、100年，甚至是200年的量。一批有历史的树，也将成为一座城市的文化底蕴和宝贵财富。"胡永红说。

上海现有行道树约48种，在中心城区，香樟占了近半，法国梧桐占了1/4。"树种单一，不仅城市风景不够丰富，还容易因为虫害导致大面积受到影响。"胡永红调查了上海近10年来种植的树种，发现从舟山引进的红楠、舟山新木姜子等树种长得很好。

找到好的树种，还要有好的栽培方法。胡永红介绍："我们做了很多实验，发现上海的树要透气，才能生长良好。这是从哪学的？从自然中学的，只不过我们把它的效应放大了。用七八厘米的碎石种树，种植土壤中，碎石比例占到70%—80%，其余部分是有机质，没想到效果非常好。"

自然界树木的根系可以延伸至地下几米深，但在城市，它们的生长空间难免受限。辰山植物园摸索出来的"碎石种植法",让上海的行道树在有限的空间里长得更好。

"让植物在城市里生长得更好,最终目的是让城市的生活空间更舒适。"胡永红说。

关注儿童的自然科普教育

在辰山植物园的相关规划中,"面向儿童的科普教育,构建人与自然和谐共处的可持续发展未来"被摆在首位。

"植物园首先要吸引孩子们进园,让他们喜欢,才谈得上科普。"胡永红说。

为此,辰山植物园为儿童游客添置了树屋、攀爬架,有机材料做成的园区设施、大片柔软的草坪让孩子们可以无拘无束地奔跑。

在这里,孩子们可以用手触摸、用眼观看、用鼻闻香、用耳听声去感知自然世界,发现自然之美。走出植物园,科普团队还会和中小学携手,利用辰山植物园的数据库,开设"校园植物课堂"。

与此同时,胡永红还主导创立了辰山植物园志愿者体系,200多名志愿者活跃在科普活动、秩序维护、安全保障等岗位。"我们希望人们来到这里后,能感受到大自然的美好,体会到上海这座城市的人文情怀。"胡永红说。

《人民日报》(2021年08月12日 第15版)

努力为全球气候治理贡献中国力量

◎ 申 茜　何宇澈

雨后的清华校园格外安静，行至一座设计独特的宝蓝色建筑前，只见大楼碧波环绕，外墙的太阳能光电板间点缀着片片绿植——这幢颇具特色的节能建筑，便是清华大学环境学院所在地，也是全国碳排放交易体系总体设计技术专家组负责人、清华大学能源环境经济研究所所长张希良的办公地。

处理日常工作、为一个国际学术会议录制致辞视频……虽正值暑假，但张希良仍然忙碌。

开拓——

"没什么捷径,只能是通过大量调研,一点一点地改进方案"

7月16日,全国碳排放权交易市场正式启动上线交易。也因为这个原因,这些天,张希良格外忙碌。

2013年受北京市发改委委托带领团队承担北京碳排放权交易试点关键制度的研究任务,2015年成为全国碳排放交易体系总体设计技术专家组负责人……张希良办公室里,写着密密麻麻公式的白板,厚厚的一摞证书、成果采用证明等,都记录着这些年来他与碳市场的点点滴滴。

2013年,我国碳排放权交易市场的研究还处于起步阶段,用张希良的话说,"一切都是在'摸索'"。

"前前后后跑了有40多家企业,从了解各家企业的主流产品、碳排放情况、减排潜力,到和企业负责人交流配额分配的标准、方法……"为了得到准确信息、做出让相关政府部门和企业认可的配额分配方案,张希良团队一家企业一家企业地调研,一个方案一个方案地推敲。

"刚开始难度很大,很多人对碳市场还没什么概念。"张希良回忆,"这是一个从无到有的过程,但也是打基础的关键时期。没什么捷径,只能是通过大量调研,一点一点地改进方案。慢慢地,我们的方案设计逐渐在北京试点碳市场建设中得到应用,后来我们又承担了全国碳市场的总体设计任务。"

这其中,最让张希良自豪的,是团队对碳市场设计理论的创新性探索。"碳市场理论起源于国外,之前在发展中国家还没有建成一个有效的碳市场。要建设中国碳市场,就必须与中国的实际情况相结合。"张希良解释,"这样,才能在尽量减少对企业生产成本影响的同时,也起到促进我国经济转型升级的作用。"张希良团队在碳市场关键要素和核心框架设计等方面的多个研究成果,被全国碳排放权交易市场总体设计采用,团队更获得第八届高等学校科学研究优秀成果奖一等奖。

从事这样开拓性的工作,对张希良来说,已不是第一次。2004年,张希良作为专家建议稿起草专家组主要负责人之一,参与了我国可再生能源法的起草工作。他告诉记者,从梳理文献到推论研讨,从基层调研到国外学习,为了完成可再生能源法(草案)专家建议稿,团队花了整整两年时间。"能够作为专家组成员参与国家立法,让我深刻体会到了国家对能源转型的重视,更加坚定了在这条路上继续探索的信心和决心。"张希良说。

协作——

"更多的智慧、更广泛的合作,才能取得更多的成果、惠及更多的人"

除了书籍,在张希良的书柜里摆得最多的,就是照片。

"这些都是我的学生。这个以前是学热能的,这个本科是学财务管理的,我们之前参与起草可再生能源法时还专门招了法学专业的博士后……"说起学生,张希良满脸自豪。碳减排涉及方方面面的内容——各行各业的企业、各不相同的技术,还有复杂的金融知识、法律知识等。所以,在张希良看来,碳减排研究,团队协作是最重要的事。

其实,张希良的学生不但来自不同专业,毕业后的去向也很广泛——有的进入政府相关部门，有的进入企业，还有的自己创业。"无论在哪个工作岗位，我的学生们总是对'低碳''绿色'格外关注。"张希良说，"碳减排远不是一个人、一个团队就可以完成的事情。这些孩子毕业后，能在各自岗位上为碳减排作出贡献，进而影响带动更多的人参与其中，这就非常好了。"

从一个人、一个团队，到更多人、更多地方……这些年，张希良带领团队与其他院校开展合作研究、去国外学习交流先进经验、参与国际合作项目。"低碳能源技术从发明、创新，再到大规模商业化利用，都需要国际化合作，更多的智慧、更广泛的合作，才能取得更多的成果、惠及更多的人。"他说。

转型——
"哪里有需要，我们的研究就在哪里"

清华大学核能与新能源技术研究院，是张希良学习和工作了20多年的地方。1993年，张希良来到这里，师从邱大雄教授和顾树华教授攻读博士学位。"在这里，我最佩服、也是对我影响最大的，就是学院里的这些老先生们。他们都有一种家国情怀，愿意为了国家奉献自己，也希望可以为国家的发展做一些事情，在个人荣誉方面却从不计较。就是这样的精神，一直在激励着我、指引着我。"张希良说。

"能为国家的需要做点事"——这是20多年来，张希良一直努力的方向。"我考大学那会儿，咱们国家整体处于能源相对短缺的状态，农村尤其如此。"张希良回忆，因此他选择从事农村能源研究。

2004年，因参与起草可再生能源法，可再生能源成为张希良的主要研究领域之一。之后，随着研究进一步深入，张希良开始更加关注国家能源转型方面的课题。从2009年提出的到2020年单位国内生产总值二氧化碳排放比2005年下降40%—45%，到2015年提出的到2030年单位国内生产总值二氧化碳排放比2005年下降60%—65%，再到碳达峰、碳中和目标，以及全国碳排放权交易市场上线运行，张希良所在的团队都参与了研究论证，"可以说，这些年国家在能源方面的很多大事我们都赶上了，这让我们更加感到一种使命感。"

"一个研究人员，最重要的就是要有情怀、有担当。哪里有需要，我们的研究就在哪里。"张希良说，"我们这个团队不大，但我们也有自己的情怀——那就是，努力为国家的气候治理提供研究方案，为全球的气候治理贡献中国力量。"

《人民日报》(2021年08月26日　第12版)

减少碳排放需要全民行动

◎吴 君

每到周末，齐绍洲都会抽出半天时间，端坐在电脑前与学生一同研读气候变化与能源经济相关文章。"我要求研究生每周精读、分享和讨论两篇学术前沿文章，这样就可以确保每一位研究生毕业时至少研读20篇高质量文献。"齐绍洲说，这给他们做碳交易市场研究带来了很多启发。

十几年前，齐绍洲开始研究气候变化与能源经济学。他从零起步，在武汉大学成立了气候变化与能源经济研究中心，并帮助湖北碳市场设计了系统有效的政策方案，推动湖北碳市场试点取得成功。

"互相协作、埋头苦干，才能取得少许成就"

"我是半路出家。"提起自己的研究领域，齐绍洲开门见山。

自 1993 年进入武汉大学经济管理学院攻读经济学硕士学位后，他一直从事金融、债券、银行市场等研究。"读博士之后，我主要研究欧盟金融市场一体化，这些研究看起来与碳交易市场没有直接联系，但为我后来做相关研究打下了深厚的基础。"齐绍洲说，留学期间，他开始关注国外率先启动的碳交易市场。

2003 年，齐绍洲从国外留学归来，他的博士生导师周茂荣教授正关注世界气候变化与能源使用效率这个研究方向，建议他从事气候变化与能源经济学的研究。"当时这个研究领域很冷门，没有太多经验可以借鉴，可是我相信周教授有长远的眼光。"齐绍洲没有太多犹豫，投入了这个学科的研究。

刚回国的齐绍洲只是一名青年讲师，他没有科研经费，也没有专业团队可以咨询。"我们只有用'甘坐冷板凳'的精神做研究。"齐绍洲说，他和学生常常利用寒暑假时间了解国内外的相关研究，并前往多地调研、查找相关数据。

随着研究深入，齐绍洲对自己的研究领域越发感兴趣。"在经济发展过程中，能源使用效率是否在提高？""我国西部和东部省份之间的能源强度差异与单位劳动力创造 GDP 差异之间的关系是什么样？"面对诸多疑问，齐绍洲带着学生潜心研究，慢慢寻找答案。

2007 年 7 月，齐绍洲的研究成果在权威学术期刊《经济研究》上发表，随后几年，他的研究成果越来越多，研究领域也逐渐得到业界关注。2010 年，他连续获得国家自然科学基金面上项目、教育部新世纪优秀人才支持计划、科技部"973 计划"应对气候变化专项项目课题等资助。

谈到这些成果，齐绍洲总是归功于自己的团队。"碳交易作为一个系统工程，涉及领域太多，我们每个人的精力和能力都有限，只有靠一个有共同兴趣的团队互相协作、埋头苦干，才能取得少许成就。"他说。

"把资源引导到绿色低碳行业去"

2011年，湖北省启动碳排放权交易地方试点。如何设计和建设试点碳市场？湖北省相关主管部门急于寻求专家支持。

一个偶然的机会，湖北省发改委气候处有关负责人发现他当时正在研究的项目"低碳经济转型下中国碳排放权交易体系研究"与湖北试点碳市场建设高度契合，于是邀请他担任湖北省碳市场的首席专家和湖北省碳交易专家委员会主任，主持湖北省试点碳市场制度研究和政策方案设计。"我很荣幸，能贡献自己的力量。"齐绍洲没有犹豫就答应了。

参与湖北碳交易试点方案制定过程中，齐绍洲对《湖北省碳排放权管理和交易暂行办法》（以下简称《办法》）的制定印象最深。从2012年到2013年，他几乎把自己的主要精力都投入到《办法》制定中。从写出第一稿开始，他和其他专家就反复征求了湖北各级政府、企业和市场主体的意见，经过28次修改，《办法》才向社会公布。"碳排放权管理和交易办法是制定碳交易其他相关政策的基础，关系重大，容不得半点失误。"齐绍洲说。

碳排放配额的最终目的，是让企业主动节能减排，这需要兼顾公平和效率。"企业获得碳排放的配额太多，对节能减排意义不大；

获得的配额太少，又没有太大动力去参与碳排放。"齐绍洲说。

为了解决这个矛盾，齐绍洲和专家团队多次调研后提出：企业每年的碳排放配额总量保持不变，但是每个企业后期的配额量可根据需要灵活调整。

"碳交易市场只是一种政策工具，用好这个工具，就可以把资源引导到绿色低碳行业去。"齐绍洲调研后发现，碳交易试点的设立给一些企业提供了节能减排的经济动力，"那些节能减排做得好的企业，可以将自己每年剩余的碳排放权进行交易，获得收益后再用来提高企业的能源使用效率，优化能源结构，最终实现绿色低碳转型，实现良性循环。"

在齐绍洲看来，碳交易市场建设初期，一方面要培养企业节能减排的能力和意识；另一方面，也要通过"奖优汰劣"，用碳价格和碳市场倒逼企业转型。

"积极讲好中国碳市场故事"

做好碳交易市场试点方案不仅要了解经济学理论，还需要了解环境法、能源动力学等。将这些学科综合起来为碳交易市场服务并非易事。"我们要求团队对所有碳交易领域的专业人才开放，不仅要接受各学科知识，也要接受国内外的先进经验和优秀人才。"齐绍洲介绍。目前，在齐绍洲的团队里，有国际贸易和投资、气候变化与经济增长、能源经济学等各领域专家，他们立足于绿色低碳经济发展，将自己的专业领域与碳交易市场结合起来，共同为碳达峰、碳中和服务。

"减少碳排放不是某个行业或者某个机构的事情，需要全民行动。"齐绍洲说。

2014年,齐绍洲在武汉大学成立了气候变化与能源经济研究中心,共招募了8名学者,专门研究碳排放的相关政策和理论。湖北碳交易市场成熟后,齐绍洲还经常前往全国各地传授碳市场的建设经验。"全国碳市场不能千篇一律,每个省份要根据本地企业发展情况和政府监管能力设计合适的碳市场方案。"齐绍洲说,成熟的碳市场并非一蹴而就,需要不断探索和创新,将更多行业纳入进来,这样才能形成协同效应。

2020年,由齐绍洲主编的《低碳经济转型下的中国碳排放权交易体系》获得教育部第八届高等学校科学研究优秀成果奖(人文社会科学)著作一等奖,该书还被出版社翻译成英文传播到了多个国家。齐绍洲说:"我们也要积极讲好中国碳市场故事,让国外更多了解我们国家节能减排的效果。"

《人民日报》(2021年08月31日 第15版)

胡值朝

"这里的每一棵树我都有感情"

◎ 吴 君

> 一场雪盖住了湖北省竹溪县十八里长峡国家级自然保护区的山林。天刚放晴,雪还没有完全消融,74岁的胡值朝已闲不住了。他匆匆吃过早饭,换上那双已穿到变形的解放鞋,装一小瓶苞谷酒,拿上望远镜,肩挎背篓向山里走去。
>
> 胡值朝每年巡山护林超过180天,行程超过10万公里,他的足迹遍布保护区里的每个角落。胡值朝说:"这里的每一棵树我都有感情。只要天气晴朗,我都要上山去看一看。"

"人不能光想着自己,要为更多人着想"

时间已过 9 点,清晨的阳光已从山顶移到山腰,洒在参天的杉树林上。胡值朝正大步流星地行走在林间,他偶尔停下脚步,抬头往上看,阳光照映下的杉树显得越发青绿。"这些树都是我种的,最开始的时候还没有我高嘞。"胡值朝摸着身前一棵胸径 30 厘米的大杉树,若有所思地说。

40 多年前,胡值朝所站的地方还是一片荒山,光秃秃的。"当时大家到处开荒种地,树木也被砍得差不多了。"胡值朝说,保护区是山地地形,土壤较浅,不易存肥,荒山越开垦越贫瘠。越贫瘠,老百姓就越想开垦新的荒地,这样的恶性循环持续了很多年。

1983 年,竹溪县为了鼓励村民种树,实行谁种树谁受益的政策。作为当时竹溪县双桥乡双坪村的党支部书记,胡值朝想做个表率。第二年一开春,胡值朝拿出积蓄买来树苗,劝说家人跟他去荒山上种树。

4 年间,胡值朝一家共种了 18 万株杉树,造林面积达 576 亩。

1988 年,县里建立十八里长峡县级自然保护区,并成立国营采育场。胡值朝所在的村子被划入其中,个体山林要补偿性回收。村民们觉得补偿标准低,回不了本,但胡值朝主动将 576 亩自有杉树林全部转交了出去。胡值朝说:"虽然我们辛苦地种了这些树,但交出去能得到更好的保护,能给子孙后代留下一片山林,值了。人不能光想着自己,要为更多人着想。"在他的带动下,村民们纷纷将自家的山林交给国营林场。

如今,保护区里的荒山已全部被森林覆盖,胡值朝上交的杉树都已长到了 10 多米高……

"看着繁星点点,听着松涛阵阵,我觉得很幸福"

越往山上走,胡值朝走得越慢。再翻过一个小山坡,他体力明显消耗了很多,稍显急促的呼吸使得嘴里呼出的雾气更白了些。"现在老了,走几步就累了,以前我每天巡山要走六七十公里。"胡值朝一边走,一边说起自己当护林员的往事。

国营采育场成立的第二年,场里招聘了第一批护林员,当时有十几个人,胡值朝就是其中之一。胡值朝每天早起巡山,忙到天黑才回家;饿了就吃身上带的干粮,渴了就喝山里的泉水。有时一天下来走得太远,他干脆在山里休息,月为灯,星为账。"看着繁星点点,听着松涛阵阵,我觉得很幸福。"胡值朝说。

2001 年,和胡值朝一起植树造林的儿子生了重病,有人劝胡值朝把杉树林要回来,卖树给儿子治病。他说:"我永远不会动卖树的心思。"儿子去世后,胡值朝巡山更勤了。"只有守好这片林子,我心里才踏实。"胡值朝说,想念儿子的时候,他会摸一摸树干,觉得就像在抚摸自己的孩子。

巡山面临很多危险,许多深山都没有路,胡值朝经常在悬崖边上行走,一不小心就会滑倒。除了护林,胡值朝还要拆除不法分子布设的各种捕猎器械和陷阱。稍不注意,自己也会受伤。

别人买鞋都是按双买,他却按箱买。"一箱 24 双的解放鞋,按箱买更划算,可供我穿四年。"胡值朝算了算,"每次买几年的鞋,不仅能优惠,这些鞋还能激励我坚持走下去。"

一年又一年,胡值朝一直行走在山林间,见证了一代又一代护林员的成长。"不论是年轻护林员新上岗,还是科研人员来考察,都是我来当向导。哪里的树长什么样,我最清楚。"胡值朝自豪地说,

3万多公顷的林区地图，全都刻在他的脑海里。

"守好林子，培育好苗木，一生就值了"

再往山上走，坡更陡峭，胡值朝停了下来，他再也爬不上去了，只好往山下走。回到家中，吃过午饭，胡值朝又匆匆往3公里外的苗圃基地走去。

胡值朝看护的珍稀植物苗圃基地建于2013年。当时胡值朝已退休6年，保护区管理局最初并没有考虑让他参与进来。胡值朝知道后，主动要求参加："很多珍稀植物是我发现的，对于它们的培育，我很了解。"

2002年，胡值朝引导中科院武汉植物所的专家在保护区里发现了第一株小勾儿茶，此前该物种已被宣布灭绝。小勾儿茶的再次出现让胡值朝兴奋不已，他跑遍了保护区的每座山头，又发现了43株野生小勾儿茶。

胡值朝采集了它们的种子，播种在一处少有人去的悬崖坎上。第二年，263株小勾儿茶破土出苗。后来，武汉大学两名专家来保护区考察，肯定了胡值朝的成果。给科考人员当向导多了，胡值朝对山里的珍稀植物也逐渐了解。在《竹溪植物志》中，2000种植物标本的采集和资料编纂，都有胡值朝的功劳。

2014年，在胡值朝的带领下，近百亩大小的珍稀植物繁育基地建成，当年繁育的小勾儿茶、红豆杉、珙桐等国家级重点保护植物就达80多种。繁育基地建起来后，胡值朝更忙了。2021年，保护区管理局又扩建了60亩的珍稀植物繁育基地。胡值朝说："我不懂什么大道理，守好林子，培育好苗木，一生就值了。"

这些年，胡值朝获得了不少荣誉，要走出大山到大城市领奖。常常没待几天，他就想着回山里，"我就是闲不住，每天只有去林子里转转，才安心。"

如今，每年都有不少游客慕名来到十八里长峡。吃上"生态饭"的村民大多从山里迁了出来，住进了宽敞明亮的新楼房。家人也想把胡值朝接出去，但胡值朝拒绝了。"山林也是我的亲人，繁育基地的苗木也是我的孩子，我离不开他们。"说完，胡值朝转身走向红豆杉的苗圃里……

《人民日报》（2022年01月20日　第6版）

胡福庆

8年,写下3000篇巡河日记

◎ 窦瀚洋

> "每次走在河边,看到散步的市民,他们开心,我更开心"。

拿上捞竿、夹子、垃圾袋等装备，一大清早，胡福庆前往离家2公里外的新塘河，开始一天的巡河。

胡福庆是浙江杭州一名民间河长，今年77岁。从2014年接过"上城区望江街道莫邪塘社区护河队"旗帜后，他开始了自己的巡河工作。

民间河长要做什么？其实市里、区里都没定下硬指标，但胡福庆却给自己定下任务：每天清理河道两侧垃圾、采样河水、测量河水相关数据，并撰写巡河日记。

到河边后，胡福庆拿出了自制的"家什"，开始对捞竿进行组装。说是捞竿，其实是由一根钓鱼竿改造而成，一头安装网兜，另一头则装上了空的矿泉水瓶。

"钓鱼竿可以伸缩，外出带着方便，水瓶可以采集水样。"塑料瓶盖上粘着一小块白色塑料片，这是胡福庆的"土发明"——塑料片是从一次性塑料碗上剪裁而来，可以用来观测河水透明度。

"别看是土办法，好用着咧。"说罢，胡福庆顺着斜坡走到河岸边。站在岸边岩石上，他小心地将捞竿插入水中，等看不到瓶盖上的白色塑料片时，便提竿而起。

从口袋里掏出卷尺，胡福庆根据水痕丈量长度，"你看，今天的透明度是76厘米。"说完，他再次将捞竿探入水中，这次要测量的是水深。

"4月18日，新塘河水位192厘米，水质较清，透明度76厘米，雨水口正常，河面局部有落叶……"工作做完后，胡福庆就坐在河边，将当日河道数据上报到"杭州民间河长工作群"。"其实我最早巡的是新开河，后来环境好了，问题少了，我主动提出把新塘河也纳入巡护范围。"他说。

如今,胡福庆的巡河路段约4200米,每天巡河时间1.5—2小时。虽然没有报酬,但不管酷暑寒冬,胡福庆都坚持不懈地巡河。"我做的不是无用功,我发现反映的问题,政府有收集、有重视,这就是意义所在。"他曾经反映过的排污、河道清理不到位等问题,都得到了及时解决。"巡河要在早上,发现问题反映到工作群里,有关部门基本当天就能安排解决。"他说。

巡河结束了,胡福庆的工作还在继续,带上一瓶采样水、收起捞竿,胡福庆开始写巡河日记。

"记录下来以后,你就清楚了,今天怎么样,明天怎么样,一年下来怎么样,两年下来怎么样……"翻阅一本本日记,从2015年1月1日起至今已超过3000篇。一笔一画,写下的是巡河足迹,也是杭州河道变美的岁月留痕。

胡福庆不仅写日记,去年还学着拍了不少短视频和照片,他想用更多方式记录水质变化。胡福庆的妻子范阿姨虽然心疼,但一直默默支持着丈夫:"他大年三十要去,大年初一也要去,都没有休息的日子。不过老胡做的事情很有意义,我们全家都支持。"

虽然年事已高,胡福庆依然乐此不疲:"河水清了,环境好了,才是老百姓的美好生活。每次走在河边,看到散步的市民,他们开心,我更开心。"

《人民日报》(2023年04月19日 第14版)

周厚林

山林相依　植物相伴

◎ 常碧罗

> "想要发现新奇的植物，往往要去没人去过的地方"。

临近清晨，雨停了，雾气散开，远处传来潺潺水声，沉寂的大山渐渐苏醒。

太阳出来了，周厚林收拾行囊，一个背包、一台相机、一根登山竹棍……幽静的里河大峡谷里，风吹起树叶响起沙沙声，伴着他出发的轻快脚步。

这里是重庆五里坡国家级自然保护区，今年53岁的周厚林是保护区一名工作人员，他是一个喜欢与植物为伴的人。

窄窄的石头上铺满落叶，潮湿的石壁上长满苔藓，身侧就是悬崖，周厚林身姿矫健，脚程也比一般人快不少。

周厚林不爱说话，"总是一个人在大山里，不说话，习惯了。"随着周围草木逐渐茂密，他的话才多了起来，"这个叶子很香，是樟科植物特有的香味""别瞧这个不起眼，这可是国家二级重点保护野生植物""这是川东地区特有物种短尖忍冬"……

巡山的日子久了，周厚林逐渐能辨认常见植物，偶尔还能发现"新奇物种"。从2012年开始，周厚林爱上了观察、记录植物——拍照片，翻看资料，向植物学家请教……拥有庞大植物资源的五里坡，成为周厚林的天然课堂。

2022年9月，中国科学院武汉植物园和重庆自然博物馆、重庆五里坡国家级自然保护区联合发表并命名了一种植物新物种——三峡白前。这是夹竹桃科白前属多年生草本植物，我国共有白前属植物约90种。此次新物种的发现，周厚林就参与其中。

2019年，周厚林在五里坡和阴条岭发现了这种植物，三峡白前细长的藤攀附着生长，初见时似乎与周围草叶没什么不同。拍下照片后，他兴冲冲地和植物专家团队分享了这个发现。"保不齐是个新物种，带回去研究下。"此后，他又多次和专家团队展开植物调查、标本查找和形态对比、基因分析等，最终确定为植物新物种。

此前，中国科学院广西植物研究所熊驰研习员和周厚林联合开展生物多样性调查时，在五里坡发现疑似唇形科新物种居群，后经证实，这个植物新物种被命名为矮生假糙苏，这一学术成果发表于国际学术期刊。

"想要发现新奇的植物，往往要去没人去过的地方。"周厚林说，矮生假糙苏的发现，就是在一个阴暗深沟的碎石缝里。摔跤、受伤，对周厚林来说早已习惯。除了植物新物种的调查研究，周厚林还参与发现五里坡保护区植物新记录物种30余个。翻看相机，跟记者回忆和它们初次"见面"时的场景，周厚林兴奋起来："这些都是五里坡的宝贝。"

愈往深处走，道路愈加崎岖。拐个弯的工夫，周厚林不见了！

没过多久，旁边小路传来沙沙声，周厚林拨开树枝，探出头来："刚发现个黄杨科野扇花属的植物，你瞧，它的茎是'之'字形状的。"拿出采集袋，周厚林小心翼翼地将一段小枝装进去。

如今，每当有科研团队来五里坡科考，都要来找周厚林一起进山。裤腿和袜子上擦些肥皂可以免受蚂蟥的袭击、泡点林檎叶能防止水变质……常年在山林中奔波，周厚林的野外生存经验派上大用场。

天色渐暗，准备返回。路过里河沟，周厚林拿出录音笔："嘘，我记录下泉水的声音。"这些年来，周厚林一直搜集五里坡各类自然元素。每次发现珍稀植物，他都要记录留存，形成了一份独特的珍稀植物分布图。

走出大山，他又变得沉默。上了车，收拾好行囊，周厚林小声嘟囔道："明天还要再来看看。"

《人民日报》（2023年04月20日　第14版）

星耀武

下"笨功夫"解读植物演化密码

◎ 杨文明

> 41岁的中国科学院西双版纳热带植物园研究员星耀武，和植物打交道已有19年。他每年都会拿出两三个月时间蹲守高寒山区，从古植物化石入手、结合现代分子生物学技术，解读植物演化密码，让我国的横断山区高寒植物演化研究达到国际领先水平。

跟着兴趣，选择了古植物

上大学时，星耀武本科专业选择了农学，没想到却被植物研究吸引，来到中国科学院昆明植物研究所读硕士，研究植物分类，主攻棕榈藤科。

2006年，星耀武读博时，有两个路径摆在他面前——一边是热门的分子植物学，技术前景广阔；另一边是相对"冷门"的古植物研究，主要和植物化石打交道。因为总想知道这么多相似的物种从何而来、如何演化，他"跟着兴趣，选择了古植物"。

星耀武解释，通过基因组学的方式固然可以估算植物分化的年代，但估算毕竟有偏差；古植物化石研究正好能有效校正偏差。同时，古植物化石又蕴含大量的古气候、地理信息，可以更全面地分析、推断植物演化机制。

要研究古植物，先要有研究材料——化石。但在动辄以百万年为计算单位的地质年代中，古植物能否有化石保存下来、保存下来的化石能否被人发现，都存在不确定因素。更何况，星耀武读博时，云南新生代植物化石采集才起步不久，数量有限。

当时，为了找化石，一年下来，星耀武跑遍了云南20多个化石点，采集了数千块植物化石。跑矿区、采化石、编号、拍照，一块又一块的化石就像拼图，结合云南的地层信息，在星耀武的脑海中逐渐清晰。

星耀武的博士论文，研究对象之一是在昆明市寻甸回族彝族自治县柯渡镇发现的一块松果化石。星耀武一眼就看出这个松果更像云南南部思茅松的果实，而不是现在昆明地区广布的云南松的果实。"化石不大，但蕴含的科学问题不少：一来说明当时昆明地区的气候类似现在的滇南，更温暖湿润；二来这一物种目前在昆明消失，同时消失的恐怕不止这一物种，很可能是多个植物类群；三是推动这一变化的原因，结合古气候重建，我们分析认为是气候演化特别是季风强度的变化。"星耀武说。

系统梳理古植物化石研究成果

得益于博士阶段对古植物化石的研究，星耀武成功申请了瑞士苏黎世大学的博士后项目。那时他在苏黎世大学的课题组正在开展6500万年以来全球被子植物演化的研究，星耀武需要完成全球古植物化石相关研究的梳理分析。

这一研究，星耀武整整做了三年——全世界近200年的2000多篇古植物化石论文、2000多个古植物化石分布点，被他整合进了一个新生代被子植物化石数据库。

近年来的论文有电子版，可一两百年前的论文需要去图书馆借阅。汉语、英语无障碍，日语、俄语、法语怎么办？"好在古植物学研究在全世界都是小众学科，开展科研合作比较顺畅，缺哪个点的信息、需要哪篇论文，都能找到相应国家的研究者，请他们协助提供。"星耀武说，文献梳理、数据库建设是笨功夫，却让自己全面系统梳理了近200年来古植物化石研究成果。

值得一提的是，当年星耀武完成的数据库，现在成了全世界古植物研究的重要工具。这几年，星耀武时不时会收到邮件，当年为他提供科研数据的研究者，也会来跟他询问其他问题、共同开展科学研究。

了解星耀武的研究情况后，中国科学院西双版纳热带植物园邀请他担任研究员。星耀武毫不犹豫选择了回国："高寒山区广布的中国，在高寒植物研究领域还缺少相匹配的科研成果。"

聚焦横断山区，探究高寒植物演化

实际上，在高寒植物研究中，当时国际上最热点地区是南美洲的安第斯山。"现在，横断山区也成了高寒植物演化研究的热词！"星耀武说。

2016年，34岁的星耀武回国组建团队，重点研究横断山区高寒植物演化。不少近缘物种看起来很像，却不容易区分。加上存在杂交现象，如果采集的材料不对，后面的基因组分析便无从谈起。"对比不同区域的植物、看同一区域植物每年的变化，都能帮助我发现新的科学问题。"星耀武说。

通过选取横断山及其邻近高寒生物区中多样性较高的18个被子植物类群共计3798种植物，星耀武团队整合地理分布区和生物区演化，建立起一个新的生物地理模型，并推断横断山区是高寒物种起源和分化的摇篮——分子生物学证据表明，约3000万年前，高寒植物就在横断山区起源；而七八百万年前，伴随横断山区经历的一段快速隆升，横断山区植物加速分化，为如今的植物多样性奠定了基础。"以前我们说横断山区是北温带高寒植物分化中心，但具体什么时候分化、分化机制如何，还缺少定量研究；我们的研究，定量地证明横断山区是高寒植物的起源中心。"星耀武说。

高寒植物对气候变化尤其敏感。星耀武计划，未来将进一步研究北半球山地植物演化，他说："应对气候变化，我们需要对植物有更多了解。"

《人民日报》（2023年05月04日　第10版）

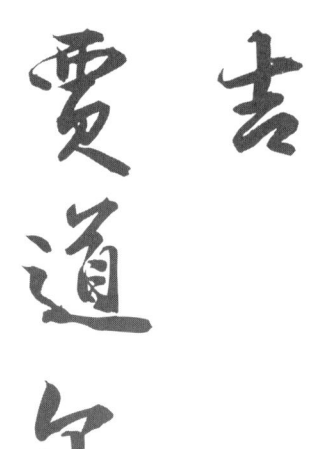

贾道尔

种下万亩林　为大地披绿

◎ 翟钦奇

> 内蒙古自治区鄂尔多斯市伊金霍洛旗位于毛乌素沙漠的东北端，但贾道尔吉曾工作的伊金霍洛旗国有林场霍洛分场哈拉沙作业区，却是一片生机勃勃的景象——大片的沙地柏、樟子松为大地披上了绿色，密密麻麻的沙柳和杨柴将沙土牢牢固定住，微风吹来，拂面的是清凉和舒爽。
>
> 看着这片无比熟悉的土地，贾道尔吉脸上满是欣慰的笑容，43年前刚到这里工作时的场景又浮现在眼前……

贾道尔吉今年62岁了,从林场退休后又被返聘回来工作。贾道尔吉腿脚不好,老伴和两个女儿总劝他别走太多路,但他心里总是放心不下待了大半辈子的林场,一有机会就回去看看,在作业区一走就是大半天。

"一直栽,不要停,把这片地都种上树,黄沙就不会再有了"

1980年,19岁的贾道尔吉被分配到当时的霍洛林场工作。"当时住的是土坯房,窗户是纸糊的。一到春秋两季,晚上风声大得吓人,早上起来,屋里到处都是厚厚的尘土。"

历史上的伊金霍洛旗是一块水草丰美的好地方,由于自然条件变迁和人为破坏等因素,生态急剧恶化。20世纪70年代末,伊金霍洛旗开展了大规模治沙造林,刚参加工作的贾道尔吉便投身其中。

"当时主要种沙柳。"每到植树季节,贾道尔吉和其他林场工人们早上天不亮就出门,肩上扛着100多斤重的树苗走一个小时到达栽种区域,一直干到天黑。"身上带着玉米饼和炒米,中午就找个背风的地方吃口饭,吃完接着干。"

那时的林场没有大型机械,主要依靠人拉肩扛。"开始栽树,先用铁锹挖出湿土,再把沙柳苗插进去70厘米,然后用脚把土踩实。"这些动作,贾道尔吉每天要重复很多次。

贾道尔吉是伊金霍洛旗人,"我们都吃过风沙的苦。严重的时候,一夜之间沙子堆得比房子都高,没法住了就只能搬家。"提到风沙之患,贾道尔吉记忆犹新,"栽树时我心里就在想,要一直栽,不要停,把这片地都种上树,黄沙就不会再有了。"

然而,栽树是个运气活。彼时的霍洛林场,降水少,风沙大,沙丘的形状和位置一天一个样，沙柳的成活率普遍不高。"转过年来，把枯死的沙柳挖掉，重新栽上新的树苗。"春秋栽树，夏季管护，每年栽几百亩，这样的日子，贾道尔吉坚持了十几年。

慢慢地，贾道尔吉也到了该结婚的年纪。"介绍对象的人也有，但一开始我都拒绝了。咱这日子太苦，不想让人家跟着我受罪。"最终他还是遇到了愿意和他一起坚守在林场的妻子。对于彼时的林场工人和家属来说，没有固定的家的概念。"这片沙地栽完了，就搬家去下一片沙地继续栽。哪里有沙，哪里就是我们的家。"贾道尔吉回忆说。

"这些树就像我的孩子一样，谁都不能伤害它们"

20世纪90年代初，哈拉沙作业区的沙柳等固沙植物基本实现全覆盖，贾道尔吉也迎来了新的身份——护林员。"那几年沙尘小了很多，很多植物种子也可以用飞机播撒，种树的活轻了不少。"

随着风沙的减轻，当地原生沙地柏面积也扩大了。"野生沙地柏能卖钱，那时候偷采的人不少。"刚当上护林员，贾道尔吉就迎来一个不小的难题，"被割过的沙地柏基本上都活不成了。"

没有视频监控，没有交通工具，为了守护这片来之不易的绿色，他坚持徒步巡查。"每天走十几公里，要把作业区每一个角落的情况都看一遍。"贾道尔吉说，林场白天地表温度最高能达到60摄氏度，而且行走艰难，每走一段就得倒一倒鞋里的沙子。"苦是苦了点，但是看到自己栽下的树，就想把它们守护好。"

白天辛苦，晚上危险。"偷采沙地柏的人一般晚上来。"为了守护林场，贾道尔吉经常晚上也坚持巡查。林场的夜，漆黑而寒冷，有时还会遇到蛇。"我就横下一条心，不管发生什么，我都要钉在这沙梁上。"几十年来，贾道尔吉已记不清自己阻止了多少次偷采的行为。"这些树就像我的孩子一样，谁都不能伤害它们。"

随着生态环境修复，林场的草也多了起来，附近的村民经常会把羊赶到林场，又对植被造成了破坏。

坚持巡查的同时，贾道尔吉还去附近村民家里一家一户地劝说："好不容易种起来的树和草，咱们得保护好。"

放羊的人少了，作业区的工作环境好了，贾道尔吉和妻子也生了娃。"我有两个女儿，从小就在林场长大。"每天两个女儿跟着爸爸一起巡护、浇水、种树。后来搬到城区住，贾道尔吉还是经常带她们来林场，"希望女儿也像我一样，把这片绿色守护好。"

截至 2022 年底，伊金霍洛旗森林面积达到 305 万亩，全旗森林覆盖率达到 37.06%，全旗草原综合植被盖度达到 64%，获评国家级森林乡村 3 个，自治区级森林乡镇 1 个。

"以前那种黄沙滚滚、沙进人退的情形，再也不会发生了"

这些年，贾道尔吉觉得护林的工作变轻松了不少。"原来都是土路，后来变成水泥路和柏油路，以前要走一天的路程，现在骑上摩托车几十分钟就能走完，脚底板不用再受苦喽！"

在一次巡查林场的过程中，老贾发现，许多活了多年的沙柳和杨树枯死了。疑惑的老贾带着铁锹，挖了几下，发现了原因。

哈拉沙作业区所在的鄂尔多斯市伊金霍洛旗是重要的煤炭产区，作业区内有几座煤矿陆续建成投产。但随着煤炭开发规模的扩大，地下水水位开始下降。

一边是呼啸而过的运煤车，一边是一株株枯死的沙柳，老贾着急了。他找到林场场长李晓光，想看看这个年轻的后生有什么办法。"老贾你别着急，这个问题我们已经意识到了，你看看这个……"在李晓光的办公室，贾道尔吉看到了解决问题的方案。

为了解决地下水水位下降带来的问题，李晓光想了两个办法：一方面，原有的沙柳本就已经不适合目前的情况，林场开始推行樟子松种植。"樟子松需水量少，成活率高，栽种三年后就不需要灌溉了，生态效益也比沙柳更加显著。"

另一方面，李晓光积极和林场内的煤矿企业沟通，"我们意识到，可以利用煤矿处理后的废水灌溉林场。"双方沟通之下，煤矿企业同意合作，并出资建设了输水灌溉的管线。"我们计划每年新增2000亩樟子松，煤矿提供的水正好可以满足灌溉需求。"听到李晓光的这番话，贾道尔吉安了心。

贾道尔吉退休后，还经常让李晓光带着他去林场转转。"林场陆续装上了摄像头，年轻的护林员们在电脑和手机上就能看到林子的情况。"看到如今大家的工作状态，贾道尔吉既羡慕又欣慰，"护林不再是苦活累活，变成了精细活。"

伫立在林场的观景台上，向四周遥望，贾道尔吉看到的是满眼的绿色。"我相信，以前那种黄沙滚滚、沙进人退的情形，再也不会发生了。"

《人民日报》（2023 年 05 月 10 日　第 6 版）

付建平

与北京雨燕有个约定

◎ 施 芳

> "每一次观鸟都是在向大自然学习,让人懂得尊重和敬畏自然"。

一只深灰色的北京雨燕从高处意外坠落，狭长的翅膀在水面上快速扑扇。岸边，两位观鸟者迅速展开救援，趴卧堤岸、徒手打捞、吸水擦拭、晾晒翅膀……两个多小时后，在围观人群的欢呼声中，雨燕振翅重回蓝天。

这是 6 月 30 日清晨发生在北京北海公园的一幕，其中一位参加救援的观鸟者，是中国观鸟会志愿者付建平。

67 岁的付建平退休前是一家杂志的编辑。1997 年 5 月，为了给杂志约稿，她参加了一次去北京密云黑龙潭观鸟的活动。借助老式的双筒望远镜，她看到崖壁上的苍鹭昂首而立，颀长的白色脖颈上点缀着两串黑色的斑点，头部的辫状羽在微风中飘动。被眼前景象深深吸引的付建平，从此加入了观鸟、护鸟的行列。2005 年起，她担任北京观鸟会（中国观鸟会的前身）会长，一当就是 10 年。

双筒望远镜、鸟类图鉴、笔记本、笔……带着这些装备，付建平的观鸟足迹遍及北京、安徽、江西、河南、湖南等 10 多个省份。她还曾远赴其他国家观鸟。不外出的日子，付建平就在自家小区里观鸟。"每一次观鸟都是在向大自然学习，让人懂得尊重和敬畏自然。"她说。

"要想保护好一种鸟，首先要了解它的习性。"付建平说，鸟类环志是世界上公认的研究候鸟迁徙规律、生活习性的重要手段。鸟儿脚上的金属环有唯一的编号，当被回收时，发现者可据此查阅鸟儿的相关信息，并将信息报告给环志机构。迁徙鸟类环志的回收率很低，需要大量的环志个体，这项工作在许多国家都是由经过培训的志愿者完成。

2002 年，付建平偶然得知有机会去河北北戴河鸟类环志站参与环志。"环志可以近距离接触鸟类，一定很有意思！"付建平满怀期待。

一上手，付建平才发现这是一个"苦差事"。给鸟环志，先要布网把鸟抓住。天还没亮，付建平和同伴们就要到达现场，把撞入网中的鸟儿一一摘下、环志、测量、放飞。为了防止鸟儿挂网时间太久，每隔两个小时，志愿者们就要在3万多平方米的网场内巡查一遍。直到夜幕降临，过了鸟儿撞网的"晚高峰"时段，志愿者们才能结束一天的工作。

环志是一项要求极高的技术活儿。付建平还记得第一次把鸟儿持握在手中的感觉，"抓紧了怕它受伤，抓松了它可能溜走，遇上爪子尖利、嘴咬合力强的鸟儿，一不留神，手指就会被抓咬出血口子。"

付建平倾注了最深感情的鸟儿，莫过于北京雨燕。春末匆匆而来，夏末翩翩而去，长期以来，围绕北京雨燕有许多待解之谜。2007年，北京观鸟会在颐和园廓如亭启动北京雨燕环志项目。

北京雨燕一生几乎不落地，很难像其他鸟类一样在迁徙途中被捕获，环志难以回收。令付建平兴奋的是，随着一款净重仅0.65克的光敏定位仪的应用，北京雨燕的研究获得巨大突破。

2014年5月24日凌晨两点半，廓如亭布下"天罗地网"。4点半之后，"睡眼惺忪"的北京雨燕开始出巢挂网。一片漆黑中，仅靠头灯照明，30余名经过培训的中国观鸟会环志志愿者与鸟类及环志专家赵欣如研究团队一起，捕捉、环志、佩戴定位器、采集数据……在确保北京雨燕安全的前提下，中外专家与志愿者们配合默契，为31只北京雨燕戴上了光敏定位仪。

时隔 12 个月，2015 年 5 月 24 日凌晨，付建平和志愿者们在廊如亭翘首期盼。回收数据显示，2014 年 7 月下旬，北京雨燕开始迁徙，飞过天山山脉，越过红海，10 月末到达非洲南部越冬。第二年 2 月，它们离开非洲，4 月下旬回到北京，迁徙路途往返约 3 万公里，途经 37 个国家和地区。

"数据读出来的那一刻，大家特别兴奋，感觉做了一件特别有意义的事。"回忆起 8 年前的情景，付建平语气中仍难掩自豪。此后，针对北京雨燕迁徙行为的追踪研究又历时多年，最终首次精确揭示了北京雨燕迁徙生态学规律，成果在国际期刊上正式发表。

"每年 5 月到颐和园廊如亭去环志，是我们与雨燕的约定。"付建平说，"随着研究的深入，一定能揭示更多北京雨燕的秘密，为保护这一物种提供科学依据。"

《人民日报》（2023 年 07 月 25 日　第 14 版）

杨希路

蒙山深处

◎ 厉彦林

> 山高林密，层峦叠嶂，云在林上飘，林把云朵藏。翻滚的云海和茫茫的林海交织变幻，宛如仙境。
>
> 这里是蒙山。蒙山跨山东平邑、蒙阴、费县、沂南4县，森林覆盖率达95%以上。这漫山遍野的绿色，凝结了无数护林员的心血和汗水。
>
> 蒙山深处，平邑一侧，有户人家以林为家，世代栽树护林。杨希路是第七代，他用青春年华守护绿水青山，人生和绿树融为一体。

一

"来了，累了吧？先回家喝杯茶，歇歇脚。"在柴门外等候的杨希路招呼我们走进山间的四方小院，坐在屋前的凉棚里。

酷暑时节，我们来到地处蒙山深处的平邑县大洼林场庵子护林点，这里也是林场护林员杨希路的家。

我们坐在低矮的松木板凳上，喝起了早已凉好的温茶水。只见小院被层层树木围绕着、掩映着，周围的空气仿佛也被染成了淡绿色，耳畔回响着沟壑里的溪流声和清脆的蝉鸣声。

歇息片刻，杨希路带领我穿过茂密湿滑的灌木草丛，向我介绍房前屋后的每一棵树木。

"这棵栗树，是我家先祖栽的。10年前我量过，主干周长7.6米。"

"这棵栗树，是我小时候荡秋千的伙伴，也近两搂粗喽。"

"这片银杏林有60多棵，是我爷爷栽的，每棵树都100多岁了。"

…………

我仔细听着杨希路的介绍，只见他眼里闪烁着光芒，仿佛每一棵伫立的树都像亲人站在身旁。

杨希路的家位于平邑、蒙阴、费县的交界处，东南方就是蒙山云蒙峰。云蒙峰陡峭，老百姓称之为"挂心橛子"，一方面形容其高大陡峭，另一方面是说巡山时远远看见这座山峰，便可判断出所处方位和家的方向。

屋子东侧是一眼四季不干涸的山泉，泉水清澈见底，岸边被繁茂的草木掩映。西侧建有能蓄80立方米水的水池，养着鱼，还有特殊作用。杨希路说："别小瞧这水池，4000多亩山林，山上就这点水,关键时刻能救急!"

门前正中是菜园地,土质黑油油的,长着芹菜、辣椒、茄子和芋头,还挖好了种萝卜的沟畦。

蒙山深处的莽莽林海人烟稀少,只生活着杨希路一家人。他家七代人在此,用岁月与热血,谱写下开荒、种树、守绿的感人故事。

清末年间,杨希路祖辈带着家眷,从临沂来到今天的平邑县下桥镇洼店子村一带。因这个山坳土质较好,山坳的石缝间有眼四季不干涸的山泉,还有可以挡风遮雨的石棚,于是就在此安顿下来。

石棚周边的树木成了家人生存的希望,开荒、种树、守林,成了杨家的祖训和家风。在外捡个杏核就带回山里埋下,捡棵小树苗就挖个窝栽下。渐渐地,石棚周围的树多起来、密起来了,鲜活了一片片绿色生命。

最早栽下的是栗树,栗子能储备充饥。到杨家第四代时,这片荒山上已栽上了栗树、槐树、柞树和松树。

一家人以林为命,把希望和未来全部栽进树木里。即使曾面临偷砍偷伐的困扰、面对岁月变迁和人生沉浮,杨家人从未犹豫和徘徊。1948年,沂蒙革命老区平邑县要建林场,杨家二话没说,倾力支持,除了自留47亩山林,其余约4000亩全部捐了出来。

杨家第五代也就是杨希路的爷爷杨佩明成了担负国家责任的第一代护林人,后来杨希路的父亲杨金山接续父业。虽然生活比在山下艰难,一家老少却没有一句怨言。杨家人从不轻易砍一棵树,更没卖过一棵树,乡亲们说他家是"种树世家",也是"守着金山的穷人家"。

二

"我家祖辈都住在这里，守护着这片山林。到我这，是第七代了。"杨希路望着一望无际的林海，眼神柔和而坚毅。

来一趟庵子护林点，实属不易。那天我们一行早上 7 点多就出发，乘越野车颠簸了一段山路。石头山路越来越窄，在茂密的林草丛中时隐时现，我们只好下车步行。那山路时而拐弯抹角，时而贴在崖壁下，个别路段直上直下，有的甚至被山洪冲毁。一会儿下雨，一会儿出太阳，时而闷热难耐，时而又山风送爽，不知不觉衣服湿透了，被风吹干，又湿透。歇脚数次，被汗湿透的毛巾拧了多遍，鞋和裤腿沾满了泥浆。翻越了三道山梁，攀缘跋涉两个小时，终于来到了杨希路的家。

我想象不出，一家七代人，200 多年来，是如何冒着风雨雪霜、酷暑寒冬，在这偏远艰苦的深山坚守下来的。

从杨希路蹒跚学步时，父母就教他扶着树学走路，与小树牵着手同成长。2002 年，杨希路接替父亲走上护林员岗位，成为更加坚定的山林守护者。从小就跟着父亲巡山，一年年陪同长辈栽树、护树，有些树就是他自己栽的。树怎么长大的，他记得清清楚楚。起初山上荒着一大片，全家到处植绿、种树；树越种越多，后来便见缝插针，挖坑栽树；如今森林覆盖率高了、生态改善了，种树和栽树转为扶持与培育、防治病虫害和防火。

这些年来，树已是最割舍不下的牵挂，更是眼中最美的风景。杨家世代常年跋涉在山路上，天天与树木打交道，学会了善待自然、敬畏树木，爱上了山里的一切。他们渴望青山常在、绿水长流，一切越来越美好。

"这几千亩山林的每一个角落我几乎都去过,每片林子长得怎么样,我心中有数。"每天早晨7点,杨希路就开始巡山,一天需要走几十里山路。到山的制高点瞭望,通过听声音、察看脚印和车辙等,观察有无异常情况。春夏主要防治病虫害,秋冬季重点防火,防盗伐则是时刻绷紧的弦。饿了啃煎饼,渴了喝山水。每年都得用坏几把斧头、镢头和手锯,穿坏10多双鞋。虽然很艰苦,但是,"不上山绝对不行,心悬着,放不下。"

"与其他景区搭界的林区,最容易出现情况。前几年,每年都能逮着一些盗砍盗伐的违法分子,都交公安机关处理了。"谈起护林,杨希路记得每个细节。

杨希路的脚步比常人敏捷。这片山林大,以前杨希路五六天巡查一圈。山上没有路,崎岖难行,磕磕碰碰是常事,他的腿上伤痕叠加着伤痕。

早年,有人上山搂柴火、砍木材,记不清一家人跟盗伐者发生过多少次冲突。如今条件好了,布了监控点,重要路口有了智能语音提醒,能准确及时发现和处理问题,村民的护林意识也提高了,盗砍盗伐的现象逐年减少。

杨希路每天与蒙山、与树木形影不离,触目触手可及的,闻到听到感到的一切,都与树的生长有着关系,每一棵树都像自己的亲人。杨希路笑着说:"为了守住'祖辈栽起来的树,绝不能被毁'这一条,什么苦我也可以吃。"

杨希路时常与树木呆呆地无言对视,又好似在密语细谈。就像这树一样,他的双脚扎进了大山深处,内心不断迸发茂密的枝条,伸展承受阳光雨露的绿叶。他用简单的生活、默默的守护,向这片绿色生命致敬。

三

杨希路也是平凡之人，护林工作本来就辛苦，生活中更有不易，最大的遗憾是为守山护林，长期定居于遥远偏僻的深山林间，上有老、下有小，疏于照顾。

杨希路说着说着，抑制不住心中的愧疚，落下了眼泪。

衣食住行、柴米油盐、照明取暖，这些平凡小事，在山上都是难题，物品都得从山下采购。杨希路的摩托车经常沿着陡峭崎岖的山路奔波盘旋，车后挂满面布袋、酱油瓶和醋瓶子。每年大雪封山后，生活更不方便。如果考虑不周全，准备不充分，就会有几个月吃不上蔬菜。

多难也得挺住。"想想上几辈，无论多么苦、多么难，都把大山保护得好好的。到我这一代，条件变好了，更不能辜负前辈的嘱咐。"

"老人生病救治、孩子教育发展，我最揪心。"杨希路向我倒出了心中的苦水，"我能一心一意地忙活护林的事，幸亏里里外外有妻子操持。"妻子刘敬娥肯定也有一肚子委屈，眼泪已涌上了眼眶，看了看我们，欲言又止。

杨希路78岁的母亲刘春荣说："我刚嫁过来时，这里还是荒山，这边秃一块，那边秃一块，对面山上跑只兔子、飞只喜鹊，都看得一清二楚。但我们坚持下来了，现在望望漫山遍野的绿树，爽心亮眼，心里舒坦着呢。"杨希路看着白发苍苍的母亲，也发起了感慨："我是母亲的儿子，也是森林的兄弟、树木的亲人，我和树木都是长辈养大的孩子！"

每棵树和每株草都有生命、有灵性，不屈不挠绽放光彩。杨家七代人与树共生长，与一片林共守望，迎着风雨和酷暑严霜，坚守绿色家园和生命约定。每当绿色画卷收入眼底，心中的苦楚便烟消云散，涌起的全是自豪与热爱。

我们离开杨希路家时，走出柴门口，就看见左侧山坡的枯树根部冒出了三支灵芝，茎红色，周边金黄色，煞是好看。树丛中喇叭状的野黄花开得正盛，摇曳生姿。

蒙山层林叠翠，古木参天。阳光下，云在飘，鸟在叫，树在长，护林人杨希路忙碌的身影又穿梭在沟壑林间，棵棵树木看着，条条山路记着。树与人同命相依、根脉相连，苍翠欲滴的绿色描绘着蒙山如诗如画的美丽风景。

《人民日报》（2023年10月25日　第20版）

吕璐

用画笔为生态保护事业添彩

◎ 姚雪青

> "城市代言'盐小勺'被人们喜爱的过程,也是热爱自然、保护生态的理念深入人心的过程"。

如果你来到江苏盐城，无论在机场、高铁站，还是在博物馆、文创店，时常会看到一个憨态可掬、嘴巴像勺子一样的小鸟形象。它叫"盐小勺"。

作为盐城的城市代言、湿地名片，它不仅广受当地群众的喜爱，也在上海进博会、深圳文博会、南京融交会等活动中频频亮相。在2023年9月的全球滨海论坛上，"盐小勺"造型的马克杯入选伴手礼，被赠送给各国嘉宾。

"盐小勺"的原型是国家一级重点保护野生动物、被列入《世界自然保护联盟濒危物种红色名录》的极危物种——勺嘴鹬。"盐小勺"形象创作的背后，有着一支年轻的设计团队，1992年出生的盐城姑娘吕璐就是其中一员。

"能把个人特长融入这份事业，我觉得特别有意义"

身为盐城人，吕璐读书时常向外地同学自豪地介绍家乡丰厚的自然"家底"——东亚—澳大利西亚候鸟迁徙路线上的重要停息地、觅食地、换羽地，有盐城"湿地三宝"丹顶鹤、麋鹿和勺嘴鹬……

"你愿意参与生态保护事业吗？"2020年的一个电话，让她有机会加入成立时间不久的江苏黄海湿地文化发展有限公司。艺术设计专业毕业的她，在江苏黄海湿地文化发展有限公司的第一项任务，就是为盐城设计"城市形象"。

"以前一直觉得生态保护事业离我的专业很远，现在能把个人特长融入这份事业，我觉得特别有意义。"吕璐说。

盐城"湿地三宝"中，麋鹿和丹顶鹤大家的熟识度更高，用来做城市形象更容易被接受。但阅读海量资料后，吕璐和团队伙伴们都被勺嘴鹬深深震撼了。"全世界只有不到600只勺嘴鹬,其中的50%每年会来到盐城停歇换羽。"吕璐说,"它们历经艰辛、长途飞来时,体重只剩下迁徙前的1/3,顽强坚韧的精神令人感动。"为了呼吁更多人积极参与到鸟类保护中来,团队最终选择了勺嘴鹬为创作原型。

"有了好的形象,才能让它在生态保护领域发挥更大价值"

勺嘴鹬离"盐小勺"还有多远?回想起整个过程,作为平面设计师也是总执笔人的吕璐记忆犹新。

"小小的脑袋、圆圆的肚子、有力的翅膀,但最有特色的还是像勺子一样的嘴巴。"吕璐说,历时一个月,团队从照片中提取勺嘴鹬的显著特征,画出的第一版卡通形象偏写实风格,保留了灰褐色的羽毛等细节。"我们找了一些小朋友来看,结果几个孩子不约而同喊出'鸭鸭'!"这让吕璐哭笑不得。

到底是哪里出了问题?吕璐和团队伙伴们多次拜访湿地专家、摄影师,继续研究学习勺嘴鹬的资料,进行了大大小小十几次修改。

"最大的修改是化繁为简——一方面放大最具特色的'勺子嘴巴',另一方面将其他细节弱化。比如采用更简洁的黑色线条,轮廓更圆润,脑袋上只留了两根羽毛,既呆萌可爱,又不至于掩盖特色。"吕璐说,这回再请小朋友来看,再也没有人说是鸭子了,"像勺子一样的嘴巴"也令小朋友们印象深刻。

"精益求精,就是为了设计好'盐小勺'。有了好的形象,才能让它在生态保护领域发挥更大价值。"吕璐说。

"希望通过这个形象，让更多人加入生态保护事业"

2020年8月，"盐小勺"诞生。"盐"指代盐城，"小勺"指代勺嘴鹬最有特色的嘴巴，随后，大家又为它取了昵称"小勺子"，更加亲切动人。

设计团队迅速投身文创产品的开发中。吕璐介绍，最初，"盐小勺"形象被定制成盐雕、冰箱贴、杯子、帆布包、胸针等，摆放到文创商店中。这两年，"盐小勺"开始在网络上被更多人熟悉。吕璐和团队伙伴们进一步挖掘特色，开发出16个常用的网络表情包，广受喜爱。

如今，在盐城的黄海湿地博物馆、未来科技城、金融城，"盐小勺"主题咖啡馆成为一道新的风景线。"墙面、咖啡杯、餐巾纸上都印有'盐小勺'的形象，店内的包装盒是可回收可降解的。"吕璐说，希望给大家一种绿色生活的沉浸式体验。

"盐小勺"的应用范围更广了。"2022年出版的《勺子飞来了》是国内首本聚焦勺嘴鹬的亲子读物，去年，我们团队又推出了儿童绘本《候鸟来的季节》。4D动画短片《不是菜鸟的盐小勺》获得第十二届澳门国际微电影节'金莲花'最佳动画片奖……"吕璐说，团队还不断拓展与外部单位的合作，组织了"盐小勺"志愿者队伍、举办"盐小勺"湿地研学游等。

"城市代言'盐小勺'被人们喜爱的过程，也是热爱自然、保护生态的理念深入人心的过程。"对于自己的工作，吕璐十分骄傲，"我也要像'小勺子'一样有激情、敢打拼，设计出更多优秀作品。希望通过这个形象，让更多人加入生态保护事业。"

《人民日报》（2024年01月11日　第14版）

胡树文

把盐碱地变成米粮川

◎ 赵永新　谷业凯

> 出于对土地的热爱，中国农业大学资源与环境学院教授胡树文转变研究方向，深耕盐碱地治理。经过10多年潜心攻关，胡树文带领团队探索出全流程、系统化的盐碱地改良技术体系，累计治理重度盐碱地10万多亩，改良盐碱化中低产田190万亩。把论文写在田野大地上，胡树文的脚步从未停歇。

早晨 7 点多从北京坐高铁出发，上午 9 点多在内蒙古自治区呼和浩特市下火车，直奔托克托县的盐碱地，踏着积雪察看土壤情况，与当地种植大户座谈、讨论治理方案……这是胡树文一次出差的日程安排，也是他日常工作的真实写照。

今年 55 岁的他是中国农业大学资源与环境学院教授，原本专注于高分子材料研究，一个意外的发现让他转变研究方向、投身盐碱地治理。经过 10 多年努力，他带领团队探索出全流程、系统化的盐碱地改良技术体系，实现"当年治理、当年见效、常年稳产"。据不完全统计，截至 2023 年底，该团队已累计治理重度盐碱荒地 10 万多亩，改良盐碱化中低产田 190 万亩。

被称为"土地顽疾"的盐碱地，治理难度大、周期长、易反复，是公认的世界性难题。作为一个半路出家的门外汉，胡树文遇到的困难可想而知——是什么支撑着他一直走到今天？

"我就是热爱这个事儿。"胡树文说，"我出生在山东农村，从小就跟土地打交道，深知土地对农民的意义。看着他们在改良的盐碱地上获得了好收成，我就满心欢喜。"

"如果能把盐碱地改良成多打粮食的良田，该多有价值啊"

1999 年，胡树文在中国科学院化学研究所高分子化学与物理系获得博士学位后赴海外学习、工作，深耕高分子材料领域。2006 年 5 月，中国农业大学邀请他回国从事绿色高效的功能性控释肥开发。

胡树文在北京郊区建了实验基地，边研究边试生产。设计生产线、建设中试装置、调整工艺参数、完善材料配方……经过一年多攻关，开发出达到国际先进水平的包膜控释肥，并进行小范围推广。

在此过程中，胡树文意外发现：包膜控释肥在盐碱化土地上的增产效果明显好于对照土地。

"这太有意思了！"胡树文说，"我国盐碱地面积广、开发潜力大，如果能把盐碱地改良成多打粮食的良田，该多有价值啊！"

"你控释肥做得这么好，为啥要中途转行？""盐碱地治理难度大，研究课题也不好申请，最后搞不成怎么办？"

面对朋友们的质疑，胡树文没有动摇，逐渐把研究重点转向盐碱地治理。

胡树文的办公桌上，摆着一本厚厚的《土壤学》。"治理盐碱地，首先要了解它的特点。搞土壤我是外行，但只要肯学习，就不是问题。"为了了解盐碱地，胡树文在啃书本、查文献的同时，还虚心向相关专业的同事求教。

治理盐碱地，脱盐为什么这么难？经过深入研究，胡树文找到了症结所在：钠质盐碱地的土壤颗粒细小，没有正常土壤的团粒结构，板结、干硬、不透水、不透气，导致盐分很难脱除。

"如果能发明一种'黏结剂'，把细小的盐碱土壤颗粒黏结成大颗粒、提高土壤的通透性，里面的盐分不就更容易被水洗掉吗？"胡树文以纤维素、木质素、甲壳素等天然高分子材料为基底，用钙、镁等元素进行化学改性，开发设计出土壤改良剂，让它能"抓"住周围的细颗粒，形成土壤团聚体，进而改变盐碱地的土壤结构，提高脱盐效率。每设计出一种改良剂，他就把样品寄给农业部门的朋友，请他们在盐碱地里做小规模试验，再根据反馈结果进行优化，直到筛选出理想的改良剂。

经过几年摸索，胡树文开发出了针对不同类型盐碱地的改良剂。

试验结果证明，使用土壤改良剂后，脱盐效率比传统方法提高了10多倍，用水量也减少90%以上。

"必须把研究团队拉到田里，实打实地干"

"高效脱盐只是第一步，让盐碱地长出好庄稼才是关键。"胡树文说，"光在实验室做模型、搞'盆栽'可不行，必须把研究团队拉到田里，实打实地干。"

从2012年开始，胡树文在内蒙古赤峰等地开展盐碱地改良大田试验，试验中，甜菜、高粱、玉米等作物的产量有了明显提升。

紧接着，胡树文决定啃"最硬的骨头"——松嫩平原西部的苏打盐碱地。这里是世界三大苏打盐碱地集中分布区域之一，盐碱并存、土壤板结、通透性差、养分贫瘠。

2015年春天，胡树文带领学生在吉林省白城市通榆县八面乡的一片盐碱地上扎了根。下地、打土钻、挖剖面、测土样……他和学生们在地里一干就是半天，风吹日晒，肤色变得黝黑。

"农民朋友是最接地气的老师。"胡树文下地的另一件事，是向当地的农民讨教，"他们有丰富的实践经验，对当地的气候、种植条件更熟悉，积累了很多知识。"直到现在，胡树文每年都会拿出半年左右时间下地实践。"只有到地里手摸脚踩，才有感觉。"胡树文说。

扎根土地实干，虚心向农民取经，胡树文在实践中逐个解决盐碱地作物的生长问题。

与此同时，胡树文还把目光投向了跨学科联合攻关。他说，盐碱地治理是个多学科交叉的系统工程，只有统筹考虑改良剂、肥料、微生物群落、耐盐作物品种和水利工程、种植管理等因素，探索出一套全流程、系统化的解决方案，才能把盐碱地变成良田。

面对营养学、微生物、作物品种、水利工程等自己不擅长的领域，胡树文就邀请学校不同院系的同事们协同攻关，大家各展所长，不断完善盐碱地治理的技术体系。

经过长期探索，胡树文团队最终创建了以"重塑土壤、高效脱盐、疏堵结合、垦造良田"为原则的生态修复盐碱地系统工程技术体系。他带领团队在全国建立了十几个大型示范区，治理成效显著：吉林省松原市前郭尔罗斯蒙古族自治县的苏打型碱土改良示范田，水稻产量多年保持在每亩600公斤左右；在内蒙古巴彦淖尔市临河区，向日葵的保苗率显著提高，和用原有技术改良的盐碱地相比增产132%；在山西朔州、江苏盐城等地的盐碱地上，旱地作物当年实现增产，第二、第三年即达到当地平均产量……

"能用自己的专长做点实事，还有什么比这更幸福的"

胡树文奔忙的脚步并未停歇。2022年夏天，他又带着学生前往新疆开展调研。新疆是我国盐碱地分布面积最广的地区，治理盐碱地意义重大。

然而，胡树文调研发现，新疆普遍采用滴灌方式，原先研发的改良剂是不全溶于水的固体材料，易堵塞滴灌设备。此外，尽管新疆的土壤盐碱化程度多为中轻度，但由于气候干燥，降水稀少、蒸发量极大，大水洗盐的办法根本行不通。

一路看一路琢磨，胡树文想出了解决办法：开发不堵塞水管的水溶性改良剂，同时给改良剂增加保水的新功能。回到北京，他带领团队着手研发新型功能性水溶性改良剂。

2023年7月，他和团队带着新研发的改良剂来到新疆和田，在新开垦的中轻度盐碱化耕地上开展青贮玉米的种植试验。实地测产结果表明，改良组的青贮玉米每亩产量达3292.38公斤，比对照组增产60.1%。不仅如此，土壤盐分比使用新型改良剂前下降了62%。2023年12月，阿克苏地区行政公署与中国农业大学联合成立盐碱地改良实验室，大面积推广胡树文团队的技术成果。

"我们在新疆和田探索的盐碱地改良模式前景广阔！"胡树文说，"它不仅简便易行，而且成本低、收益高，每亩一次性投入200元，当年就可以增加收益近600元。包括甘肃、宁夏和内蒙古西部在内的西北干旱区，只要是采用滴灌的地方，这个办法都能用。"

从2008年算起，胡树文已在盐碱地上耕耘了16年。他的团队也从最初的几个人增加到几十人，成为一支多学科交叉、老中青结合的盐碱地治理科研团队。

"胡老师对盐碱地改良事业的热爱，简直到了忘我的程度。这种热爱，也感染着团队的其他师生。"与胡树文合作多年的中国农业大学理学院教授高海翔说。

胡树文说："能用自己的专长做点实事，还有什么比这更幸福的？"

《人民日报》（2024年01月30日　第16版）

黄振芳

四十年种好守好一片林

◎ 王鉴欣

> 福建省周宁县后洋村的山间,高大挺拔的林木苍翠连绵,丰富多样的林下作物茁壮成长。20世纪80年代起,后洋村村民黄振芳带领全家上山造林,经过一家人40多年接续奋斗,荒山披绿,日子红火,好生态带来好前景,带动更多人走上生态致富之路。

提起黄振芳，福建省周宁县七步镇后洋村无人不晓。

有人说他聪明——得知国家出台鼓励开荒造林的政策，他第一时间扛起锄头，带领全家上山造林；

有人说他执拗——"饭都吃不饱还种树？""不如打工赚钱快！"……在一片质疑声中，他愣是坚持了40多年；

有人流露出钦佩——40多年，荒山变青山，青山变"金山"，越来越多的人受黄振芳影响上山造林，接续守护绿水青山。

"这片林，是我一生的心血"

春节将至，90多岁的黄振芳又上山了。

尽管已须发花白、脊背佝偻，行动多有不便；尽管在林木的高大苍翠中，他年迈的身影显得愈加单薄，他还是坚持上山。年年如此，仿佛已成为他过年前必不可少的一种"仪式"。

山上有他的家庭林场。林场里，1207亩树木棵棵挺拔，是他40多年前种下的。

40多年前的后洋村还很贫困，黄振芳一家也是贫困户。那时候，谁家没钱了，就上山砍几棵树。久而久之，山慢慢荒了，水土流失也十分严重。"要是能把山上种满树就好了。等树成了材，不仅有木材卖，环境也能好起来。"黄振芳时常这样想。

那时候，树不是想种就能种，但黄振芳很快就等来了好政策。1983年初，中央一号文件精神传到了后洋村——"林木谁种谁有；个人所造林木有继承权"，鼓励农民上山开荒种树。当年，黄振芳就扛着锄头上了山。

"饭都吃不饱还种树？"村民们不理解，黄振芳却铆足了劲，第一年就在山上种下了50亩的树苗。

种树并不容易。有一年冬天，大雪封山，黄振芳用双手一点点把雪堆扒掉，再把树苗种下去。日复一日，四季轮回，3年过去，造林面积由50亩扩大到1207亩。

后续管护也是难题。林木生长周期长达二三十年，一家人和这么一大片林子，靠什么养活？

缺人，黄振芳动员全家上阵，一起搬进了林场；缺钱，针对短期收益不足的难题，黄振芳在林中套种马铃薯、玉米等作物，不仅养活了林场，"造林大户""致富带头人"的名气也越叫越响。黄振芳作为闽东绿化植树的典型代表，还被请到政府机关作报告。

"这片林，是我一生的心血。"轻轻抚摸着树干上的纹路，黄振芳喃喃地说。

"这片林，让我们一家走上了致富路"

阳光透过树枝照进山林，林下的草珊瑚已经结出红红的果子，在一片翠绿的映衬下愈显生机。

这是黄振芳的大儿子黄传融4年前种下的。

10多岁时，黄传融就跟着父亲在山林间摸爬滚打。跟着小树一天天长大，管护家庭林场的接力棒渐渐由黄传融接了过来。他思路活、想法多，又肯拼敢干。"树木棵棵成材，有这么好的条件，能不能发展其他产业？"2017年，黄传融开始尝试养蜂。当年，200箱蜜蜂的蜂蜜就卖了10多万元。

"口碑越来越好，产品供不应求。是这片林子的好生态，给了林间作物天然的好品质。"2019年，黄传融在林下进一步套种黄精、芍药等中草药材。"过完年，再增加 30 亩种植中草药材。"黄传融这样打算着。

不砍树，也能致富。放到 40 多年前，黄家人可不敢这么想。"原先种树是为了卖木头，木材值钱。"而今，黄传融数着指头算账，"黄精、芍药、草珊瑚、蜂蜜，林下收益样样可观。"黄传融说，不仅不再需要砍树，更是盼着树一天比一天长得好，"这片林，让我们一家走上了致富路。"

立春第二天，在距离林场不远的种植基地内，黄传融小心翼翼地种下一株株猕猴桃苗。基地面积不大，葡萄、茶叶、猕猴桃等作物品类却很丰富。"守护好这片青山，就是我如今最大的心愿。"黄传融说。

在黄家人造林致富的带动下，越来越多的村民上山造林。如今，荒山早已披上绿装，林下经济、森林旅游、生态农业等蓬勃发展。2023 年，后洋村村集体收入 72 万元，村民人均年收入约 2.6 万元。

"这片林，一定会有更广阔的前景，也有我奋斗的未来"

腊月里，一箱箱套着红礼盒的蜂蜜，被快递从林场运往全国各地。

林间有座管理房，原先是黄振芳管理林场用的，如今成了黄振芳的孙子黄宇斌的工作间。40 多年过去，房子外观并无变化，但一走进去，排排货架满满当当映入眼帘，不少都是产自林下的作物。

11 点，黄宇斌走进管理房，利索地支起三脚架、打开补光灯。没几分钟，这里成为一个小小直播间。对着镜头，黄宇斌面带笑容，热情介绍着一样样林下产品。

2020年，黄宇斌辞掉在大城市的工作，回乡开起电商公司。"我希望把这些年在城里学到的经验带回来，让好产品从林下走向全国。"黄宇斌说。

两小时的直播里，订单列表上的数字不断增加，有些产品还供不应求。直播刚结束，他转头又忙起了发货。屋外，满山青翠，黄宇斌指指外面的林子："这就是我回来的理由。这片林，一定会有更广阔的前景，也有我奋斗的未来。"黄宇斌信心满满。

同为黄家第三代林场人，孙女黄娟娟是周宁县狮城第一小学的一名语文教师，也是一名护林宣讲员。在课堂上、林场里，黄娟娟声情并茂地为学生、游客讲述着一家人守护一片林的故事。从小听爷爷和父亲讲植树、护树故事的她，如今成了讲故事的人。"我想把这些故事告诉更多人，让更多人加入绿水青山守护者的行列。"黄娟娟说。

一片林，三代人；绿了青山，红了日子。2023年，周宁全县森林覆盖率从1987年的42.8%提高到72.96%，全县林业产值达到3.34亿元。

《人民日报》（2024年02月07日　第14版）

牛洋

与高山植物同行

◎ 杨文明

"研究能够帮助我们更好地理解自然,理解生物进化的具体过程"。

花儿为什么那么红？叶片为什么不一定绿？为什么有的植物长得与环境融为一体，而有些植物却花色绚丽、引人注目？这些有趣的问题，就是中国科学院昆明植物研究所研究员牛洋工作中关注的课题。

小时候，牛洋是在家乡的稻田里、水库边追着蝴蝶长大的，从小便和蝴蝶结下"不解之缘"。上大学时，牛洋选择了生物专业。2007 年，牛洋来到中国科学院昆明植物研究所继续深造。考虑到他对昆虫感兴趣，导师建议牛洋重点关注植物和昆虫之间的相互作用。

牛洋的主要研究对象集中在横断山区海拔 4000—5000 米之间的高海拔流石滩地区。野外植物给牛洋提供了源源不断的课题。在跟随团队去流石滩做研究时，牛洋留意到，在一些山头上，某些紫堇属植物跟石头的灰色很接近；而在另外一些红色岩石比较多的山头，紫堇叶片又会呈现出暗红色。七八个山头都是如此，会不会有什么规律？凭借自身积累，他有一个猜想：紫堇呈现与周围岩石接近的颜色，会不会是为了躲避天敌取食？而紫堇的天敌，很有可能是高山上的绢蝶属昆虫。

大胆设想，数据支撑，小心求证。为验证自己的猜想，牛洋在某些山头找到了具有不同叶色的囊距紫堇群体，并划定样方开展数据统计。一般来说，划定样方需要用绳子标记，考虑到绢蝶可能通过视觉确定自己的产卵地点，牛洋只在样方角落插筷为记。统计结果证实了牛洋的猜想：流石滩地区，绢蝶成虫选择合适的紫堇个体在附近产卵，幼虫以取食紫堇为生。与样方中绿色叶片的个体相比，灰色叶片的个体存活率高出了两三成。

问题接踵而至，植物可以利用伪装躲避天敌，但同样需要鲜艳的颜色吸引传粉进行繁殖，它们如何处理这一矛盾？牛洋发现，几种紫堇属植物利用时间差来处理"敌友关系"。例如，每年5月下旬至6月上旬是绢蝶产卵的高峰期，但这时半荷包紫堇并不急于开花，它们的外表与当地岩石背景高度一致，以避开绢蝶的搜索。7月中下旬，这种绢蝶的产卵季已经过去，半荷包紫堇才陆续开出天蓝色的鲜艳花朵，吸引熊蜂等昆虫帮助传粉。

"研究能够帮助我们更好地理解自然，理解生物进化的具体过程。"牛洋说，"随着全球气候的变化，高山地区的树线不断上升，就像海平面上升会导致岛屿消失、影响岛屿生物一样，树线上升也会影响包括紫堇属植物在内的'高山岛屿'物种的生存繁衍。较低海拔的植物可以逐渐向高海拔迁移，但位于'高山岛屿'上的物种却无路可退。保护好高山植物，不仅要收集保存它的种质资源，还要保护好植物的'朋友们'。"

《人民日报》（2024年02月22日 第14版）

赵仕伟

苇海深处　守护鹤鸣

◎ 胡婧怡

> "野化训练是一项持之以恒的工作,把本领都教给它们,才能放心"。

微风拂过，芦苇摇曳。辽河口湿地深处的一间平房内，辽宁省盘锦市林业和湿地保护服务中心鹤类繁育保护站技术人员赵仕伟正守着一只刚出生3天的丹顶鹤幼雏，这是保护站2024年成功孵化的第一只丹顶鹤幼雏。

丹顶鹤属于早成鸟，刚出生的鹤雏就能行走和自主进食。赵仕伟用纸箱为幼雏围出一块活动区域，铺上地毯，再用托盘盛放一汪水，供它玩耍和饮用。鹤雏摇摇晃晃地探索着周围环境，用小小的喙东啄西啄，修长的双腿与圆圆的身子对比鲜明。

盘锦拥有大面积的芦苇荡，是丹顶鹤迁徙通道中的一个重要停歇地。赵仕伟从沈阳农业大学畜牧兽医专业毕业后，来到当时的双台河口国家级自然保护区赵圈河管理站。面对一望无际的苇海、坑洼不平的土道、四处漏风的宿舍，赵仕伟却被管理站救护的5只野生丹顶鹤吸引了，在茫茫苇海扎下根来。这一扎根，就是30多年。

说起丹顶鹤繁育的3个"十年"，赵仕伟总是津津乐道："1996年到2005年是第一个十年，我们主要针对被救护的丹顶鹤进行人工繁育，丹顶鹤数量从5只增长到30多只；2006年到2015年是第二个十年，通过自然孵化与人工孵化相结合的方式，丹顶鹤数量增加到80只左右；从2016年开始，我们的目标是通过繁育和野化放归丹顶鹤，促进野生丹顶鹤种群复壮。"

上午10点，闹钟响起，赵仕伟起身来到孵化器前，取出正在进行人工孵化的丹顶鹤卵，在常温中静置5分钟，然后将孵化器中的蛋托方向由前倾45度调整为后倾45度，再将丹顶鹤卵放回，将孵化器温度调至37.4摄氏度。

孵化期间，这样的操作，每隔 2 小时就要重复一遍。每年 4 月上旬到 5 月下旬，是人工孵化最为紧张的时期。这段时间，赵仕伟几乎寸步不离保护站，连睡觉和吃饭都是抽空。

"从产卵到出雏，整个孵化过程需要 31 至 33 天。第三十天左右，隔着蛋壳能听到幼雏呼吸的声音；当隔着蛋壳能听到幼雏的叫声时，就是它已经用喙啄破了气室膜，之后就是啄壳出雏了。"赵仕伟说。2005 年，赵仕伟摸索出丹顶鹤自然交尾与人工授精、亲鸟自然孵化与人工孵化相结合的方法，取得可喜效果：自然状态下丹顶鹤孵化成活率约在 43%，经过人工繁育的孵化成活率可达 90% 以上。

"保护站现在有 30 对种鹤，自然情况下，每对鹤一个繁殖季产 2 枚卵，如果鹤卵被取走进行人工孵化，丹顶鹤有补巢行为，会再产 2 枚卵。"赵仕伟介绍。每年繁殖季到来前，赵仕伟和同事们都会为种鹤准备好巢材，但在繁殖季期间会尽量减少靠近种鹤，连喂食路线都经过精心设计。

2016 年至 2023 年，赵仕伟和同事们共成功孵化了 356 只丹顶鹤。繁育技术日臻成熟，保护站也开始将丹顶鹤的野化训练作为重点。

繁殖季结束后，每天上午 9 点和下午 3 点，赵仕伟都要到驯飞场地，一路小跑把人工饲养的丹顶鹤"赶"到天上去，训练它们飞翔和野外觅食的能力。"我们从丹顶鹤 1 岁左右羽翼丰满后，就开始对其进行野化训练。野化训练是一项持之以恒的工作，把本领都教给它们，才能放心。"赵仕伟介绍，2021 年开始，保护站陆续对 140 只不同年龄的丹顶鹤进行野化训练，并将它们放归自然。

如今，赵仕伟已从"小赵"变成了"老赵"，每当看到自己救护和繁育的丹顶鹤飞翔于蓝天苇海之间，他眼角的皱褶里就挂满了喜悦。

《人民日报》（2024年06月05日　第14版）

李树民

修复潮河生态 保护家乡环境

◎程 晨 杨泽英

> "治理好了,还得保持。一年、两年不算好,长期保持下来才算好"。

夕阳洒在水面上，闪着粼粼波光，潮河缓缓流淌，河中央的小洲上，一只苍鹭正伸展翅膀。河岸边，河北省滦平县虎什哈镇西营坊村党总支书记李树民正从东往西溜达。

"也不能说是巡护，反正有空就来瞅瞅有没有垃圾、春天种的树长得咋样了、黑鹳来没来……"李树民一边说，一边伸手指向不远处的山崖，"黑鹳的巢就在那个石头缝里，等小鸟大一点儿，它们就飞到河边来觅食。"

潮河西营坊村段长约5公里。每天到河边来走走，是李树民的习惯。2015年1月，李树民担任西营坊村党总支书记后，就动员全村治理潮河环境。当时的潮河西营坊村段，河面仅剩几米宽，干涸的河滩被村民开垦出300多亩地，种上了庄稼，还有人倾倒生活垃圾和建筑垃圾。

"我小时候，河水特别清，走在河边就能看见水里的鱼。毕竟是自己的家乡，后来河水被污染，我心里一直不舒服。"李树民说，开展河道环境整治前，他先寻求相关部门帮助，找了县水务局，根据他们的建议在村里张贴了关于禁止在河道内开荒种田的公告。

几天后，退田还河正式开始。村里的300多亩河滩地，涉及33户。一开始，一些村民不情愿。李树民从自己家开始，退出河滩种植，一些党员、村干部紧随其后。大家分头做工作，晓之以理、动之以情，说明保护河流环境的重要性，回想水好鱼肥的当年、展望岸绿景美的将来。经过反复做工作，300多亩河滩地全部退出种植，将空间还给河道。

退田还河完成后，李树民筹措了6万元资金，请来挖掘机，清运了常年堆积在河道里的大量垃圾，并拓宽河道。当年夏季，宽阔的河面回来了。秋冬之际，几百只赤麻鸭来到这里，一直到第二年开春。2016年3月，李树民发现，几只天鹅在潮河边觅食、栖息，20多天后才飞向北方。

潮河生态逐渐好转，电鱼现象却一时无法杜绝，李树民花了大量精力劝阻电鱼的村民。"我都上家里说去，劝他们别电鱼了，他们有的听，有的不听，还有的差点儿跟我动手。"李树民说，既然下决心保护潮河，就要敢于动真碰硬。好在，保护措施逐渐推进，生态好转带动了保护意识提升，"有的人一瞅现在河边环境确实弄得不错，就会自觉维护。"

"治理好了，还得保持。一年、两年不算好，长期保持下来才算好。"李树民说。潮河环境治理后，遇到外村人来偷倒垃圾的，村民会主动劝阻；劝阻不了的，就给李树民打电话，让他来处理。几年下来，在潮河西营坊村段，破坏河流环境的行为几乎见不到了。

白鹭、苍鹭、灰鹤……一年又一年，越来越多的候鸟来到西营坊村，在潮河边觅食，在附近筑巢。2023年，国家一级重点保护野生动物黑鹳出现在西营坊村的潮河边，把巢筑在附近山头上。

由于对潮河生态保护的贡献，近年来，李树民获得"承德好人""滦平县优秀共产党员""魅力承德·优秀基层环保人""新时代承德榜样"等荣誉。

现在，不仅白鹭、天鹅时常出现，来此驻留的野生灰鹤的数量也从几只增加到现在的100多只。"这和我们不断修复生态、坚持保护生态分不开。"站在河岸边看着归巢的鸟儿，李树民骄傲地说。

《人民日报》（2024年06月11日　第14版）

张甘霖
为土壤建立数据库

◎ 姚雪青

我们脚下这层土壤，是地球的"皮肤"，也是农作物扎根生长、动植物赖以生存的基础。

2024年6月，2023年度国家科学技术奖揭晓。中国科学院南京土壤研究所研究员张甘霖带领研究团队完成的"中国土系志与高精度土壤信息网格构建及应用"成果，获国家科学技术进步奖二等奖。

过去40多年，为了发现土壤的奥秘，张甘霖坚守在求学时选定的研究道路上，穿梭在崇山峻岭、奔走于田间地头，执着于自己的研究领域。

科研道路的起点，是心中朴素的兴趣

"华中农学院，土壤与农业化学专业。"

1983年夏天，17岁的张甘霖在高考志愿表上填写下这个志愿。

土壤学是个什么专业？

上初中时，张甘霖在供销社的书架上第一次看到这个名词。那本名叫《我们爱科学》的杂志里，讲了一个"糖果换泥巴"的故事：土壤学家侯光炯有一次从国外出差回国，给孩子带回一袋进口糖果。他在云南昆明转机时，看到一片树中有一棵长势特别好，便将袋里的糖果悉数倒出，装满泥巴带回实验室分析。

"真是怪人！"合上书，这个故事在张甘霖的脑海中久久不散。他觉得不可思议——糖果多好吃啊，泥巴这么重要吗？当时的他不知道，自己有一天，也会成为这样的"怪人"。

高中时，张甘霖尤其爱好化学课，自学课本后面附录的土壤化学基本知识，"原来土壤里还发生着这么复杂的化学过程"。填报志愿时，不少同学都选择了当时相对热门的专业，张甘霖却从心中朴素的兴趣出发，选择了土壤学专业。

但他真正热爱上土壤学这个专业，还是在深入理解土壤学的内涵、意义之后。

"土壤是地表圈层交互作用的产物，土壤学也是一门交叉学科，除了土壤学各分支学科本身，还要具备很好的化学、地学、生物学等相关学科基础。"张甘霖回忆，在一次次实验分析中，他了解到看起来黑乎乎的土壤，其实包含地壳上几乎所有的元素，生活着无数的微生物。土壤中的颗粒大小，从微米级到厘米级都有，通过离子交换来维持养分……

"了解到土壤科学服务于粮食安全，与水安全、生态环境安全等息息相关，我更坚定了自己的选择。"张甘霖说。本科毕业后，他又考取中国科学院南京土壤研究所（以下简称"土壤所"），继续攻读土壤学，先后获得硕士、博士学位，然后留所工作。

张甘霖说，我国土壤具有高度多样性和复杂性：既有从温带到亚热带的纬度地带性、从盆地到高原的垂直地带性，又有西北大面积干旱区和青藏高原隆升区……多种多样的地形地貌孕育了丰富多样的土壤类型。因此，为土壤"画像"，对理解我们脚下的土壤来说尤为重要。

"上世纪50年代起，我国科研工作者就开始了为土壤制图的工作；80年代，完成了1∶400万土壤地图，也就是地图上的1厘米相当于实际的40公里；90年代，进一步完成1∶100万土壤地图。"张甘霖读研期间，就曾跟随导师进行土壤分类及制图工作。

为每一类土壤制定"身份档案"

然而，对于精细化管理及利用土壤，这还远远不够。

更细致的工作怎样开展？

"对土壤进行精准化管理，首先要建立完整分类体系。植物有'界门纲目科属种'等分类，土壤也有土纲、土类、土族等不同等级，土系是最基层的分类级别。"张甘霖介绍，2001年，我国土壤系统分类高级单元框架已梳理形成，但基层分类研究仍是空白，要让科研成果应用于生产实际，分类还要"深耕"。

2008年，科技部科技基础性工作专项"我国土系调查与《中国土系志》编制"项目正式启动。此后近20年间，张甘霖牵头组织我国26家科研院校400多人的科研队伍，开展土壤基层分类调查研究。

土系调查，就是从最基本的分类单元着手，给土壤建立详细的"身份档案"。土壤调查需要大量野外采样工作，起早贪黑、跋山涉水、风餐露宿、严寒酷暑……

"像很多野外工作一样，土系调查研究也要面对各种困难，东部的河网区、南方的茂密丛林、北方的荒漠戈壁、西南的高原，每一个区域都会给土壤调查带来不同体验。"张甘霖这样形容调查的场景：科研人员带着沉甸甸的设备、工具，沿着蜿蜒的山路、隐蔽的小路，先从山上到山下"跑个样"，根据土壤形态特征，初步分出几种类型，然后对每种类型分别挖土、采样。

"一般是开挖一个两三米长、一米多宽、一米半深的土坑，通过测量、照相，用文字详细记录下剖面的分层和每层的土壤信息，再采集三种样品：重现立体结构的纸盒样品、用于实验室物化分析的袋装样品、呈现密度和容重信息的原状样品。"张甘霖介绍，10多年来，团队累计行程达到300多万公里。

相比野外工作，土系研究最大的难点是建立适合我国土壤分布和利用特点的划分标准。"早在上世纪末，我们就开始了代表性区域的'样区研究'，测试土系划分的原则与标准。"2001年，张甘霖出版了《土系研究与制图表达》，为后来的土系调查研究奠定基础。为建立和完善相关标准，作为项目负责人的他，又组织专家反复研讨，并在多个省份进行实地验证，于2013年正式形成我国首个土族和土系鉴别原则与标准，为指导土系鉴别和调查提供依据。

土壤是连续分布的，而剖面点的采样始终是有限的，即便最密的采样,也不可能实现1∶1的覆盖,因此要对土壤的空间分布规律建立模型、实现空间预测——这也是国际土壤学界公认的前沿课题和挑战。

张甘霖团队发明了土壤三维空间变异刻画与环境协变量优选新算法,以及高精度数字土壤制图模型。"这是用实际调研点位的土壤信息,建立大数据模型,通过分析土壤分布规律、理解土壤变化成因,来'补'出未知的、难以抵达的点位上表层及下层的土壤信息。"张甘霖说,这也是我国首次构建的90米分辨率"3D高清"国家土壤信息网格。

最终,团队调查了5696个典型土壤剖面,首次建立我国土壤系统分类基层分类单元土系及土系数据库。团队出版的1760万字的《中国土系志》,更新了我国土壤资源清单,成为国际上信息记录最全面的国家级土壤基层分类档案。

调研成果有了越来越多"用武之地"

作为土系调查成果的《中国土系志》,长什么模样?

这套丛书按省份分卷,实用性之强就像土壤版《新华字典》。以江苏卷为例,每一页都如同一张小档案,图文并茂地记载了分布全省的134种典型土壤类型,有名称、分布区域、重要的土壤物理化学性质,以及包括降雨量、气候、太阳辐射等在内的环境信息。

这本"工具书"怎样应用?

"首先,可广泛用于支撑各部门的管理决策。"张甘霖介绍,例如,自然资源部门借助这些指标评估耕地生产力,生态环境部门评价污染物行为时可供参考,水利部门使用相关内容分析土壤侵蚀速率。

不仅如此。这一土壤系统分类专著，可以配合3D高清土壤信息图，对农业生产基层单位进行指导。

在土壤所的一台电脑上，张甘霖打开信息图，依次选定有机质、酸碱度、营养成分等指标，就能看到不同颜色分布的地图，颜色越深，代表有机质或营养成分含量越高。

"目前，土壤信息分辨率在90米×90米的尺度。如某农场要进行精细化管理，可以将这张图放大，了解土壤肥瘦、潜在问题、哪里要施肥、施多少肥等。"张甘霖介绍。

眼下，第三次全国土壤普查（以下简称"土壤三普"）正在进行。作为技术专家组副组长，张甘霖更忙碌了。"土壤三普重点对耕地、园地、林地、草地等农用地开展调查。"他带领团队运用土系调查经验，为制定土壤三普的外业调查、采样技术、土壤样品库建设等技术规范与基础数据提供支撑。同时编写教材、开办讲座，培养一批参与土壤三普的技术人才。

繁忙的工作之余，张甘霖还挤出时间进行科普。他与同事们撰写的科普读物《寂静的土壤：理念·文化·梦想》，从"土壤的前世今生""土壤学的历史文化""我们的土壤梦"3个视角，讲述生动的土壤故事，让公众对土壤有了更多认识。

"在土壤分类、数字制图这样既枯燥又耗时长，还不容易出成果的领域，张老师找到学术兴趣与国家需求的结合点，一钻就是40多年。"张甘霖的学生、土壤所助理研究员杨顺华说，这种执着的精神，深深影响着年轻一代的科研人员。

《人民日报》（2024年09月24日　第14版）

卢琦

与沙漠"交手" 为治沙"开方"

◎董丝雨

> 牵头实施50余个科研项目、撰写20余部专（译）著、协助中国履行《联合国防治荒漠化公约》……投身荒漠化防治事业30年，中国林业科学研究院首席科学家、三北工程研究院院长卢琦在实施"三北"工程、科学防沙治沙、引导社会各界共同参与治沙等方面发挥了重要作用。

走进卢琦在中国林业科学研究院的办公室，几本《中国沙漠志·库姆塔格沙漠卷》的样书摆在桌面上。翻开书页，库姆塔格沙漠的壮美景象展现眼前，卢琦随之向记者讲起近20年前，向这片未知地"进军"的经历……

年过六旬的卢琦是中国林业科学研究院首席科学家、三北工程研究院院长，2024年12月10日，因在科学政策交叉领域助力中国扭转土地退化趋势、减少沙化面积方面的卓越贡献，获得"地球卫士奖"中的"科学与创新奖"，成为首位在该类别获奖的中国人。2025年1月，卢琦被评为"2024年度三农人物"。

"干上了这一行，就要在这个领域中专注前行"

库姆塔格沙漠位于新疆和甘肃交界处的"罗布泊"区域。2007年以前，这里是我国八大沙漠中唯一未经系统、综合科学考察的沙漠，地貌、气象、水文等方面的基础数据都是一片空白，成为几代治沙人的一块"心病"。

治沙的前提是知沙。为了摸清"家底"，卢琦和时任甘肃省治沙研究所所长王继和一起，多次邀请中国科学院、兰州大学等单位的科研人员为库姆塔格沙漠科考立项奔走，并提前组织开展了探路式考察和周边调研。

2006年底，"库姆塔格沙漠综合科学考察"被科技部确立为科考类重点项目，卢琦担任项目主持人和首席科学家。"我们花了大半年时间进行前期准备，联系了地质、地理、气象、土壤、植物、生态、遥感等多个学科领域的专家集结在一起，组成了一支综合科考队伍，直到2007年9月才正式出发，开启对库姆塔格沙漠的第一次大规模科考。"卢琦介绍。

车辆沙陷、帐篷吹丢、风餐露宿……克服重重困难，科考取得了丰硕成果：揭开了中国唯一"羽毛状沙丘"的神秘面纱，首次发现并实地测量了仅存于库姆塔格沙漠腹地的沙砾丘，并将这种独特的风沙地貌命名为"沙砾碛"，写入新版自然科学名词……

其实，卢琦最初所学的专业方向不是沙漠。1983年，他毕业于河南农学院（现河南农业大学）林学专业，1990年在广西农业大学（现广西大学）林学院森林生态学专业获硕士学位。1995年在中国科学院自然资源综合考察委员会（现地理科学与资源研究所）获博士学位后，卢琦才正式与沙漠和荒漠化防治"交手"。

"从林学、生态学转型到研究荒漠和荒漠化防治，是机缘巧合，也是服从国家分配。"卢琦说，"干上了这一行，就要在这个领域中专注前行。"

作为一名荒漠化防治领域的科研工作者，卢琦的工作地点大多在大漠戈壁，虽然条件艰苦，但他和团队已习惯"苦中作乐"。

"野外科考时，时常需要搭帐篷睡在沙漠里。手机没有信号，大家就点起篝火，喝着奶茶，围在一起聊天。"卢琦说，防沙治沙是个苦差事，但只要保持良好心态，也能从中找到乐趣，从而保持对这份事业的热爱与执着。

"我国的治沙史，就是一部科技支撑生态建设的历史"

荒漠化是影响人类生存和发展的重大生态问题，我国是世界上荒漠化和沙化最为严重的国家之一。从被誉为"中国魔方"的麦草方格、沙坡头"五带一体"铁路治沙技术，到沙漠生态大数据平台、实现干旱地区飞播造林……数十年来，一大批科研工作者把论文写在西北大漠上，在实践一线探索创新，为科学治沙打造了诸多"利器"。

"我国的治沙史，就是一部科技支撑生态建设的历史。"卢琦表示，自己作为第三代治沙人，是站在前辈治沙人的肩膀上，靠他们传承下来的经验，持续推动荒漠化防治工作取得新成效。

卢琦因有着科研和行政双重经历，更擅长将科研成果转化为政策建议。"科学在中国防沙治沙全过程中不仅要'前置'，还要像芯片一样集成'内置'。从规划设计到蓝图落地，包括实施过程中发现的新问题，科研工作者都要及时提供解决方案，保证政府决策的科学性和有效性。"卢琦说。

2023年6月，"三北"工程攻坚战全面打响，8月，三北工程研究院随之成立。作为首任院长，卢琦快速组建了一支科研攻坚团队，瞄准"三北"生态治理的难点、堵点和卡点，研发了一批应急关键技术，为三北地区防沙治沙和荒漠化防治提供了坚实的科研支撑和智力支持。

"我们专门组织召开了'三北'工程生态用水战略研讨会，提出通过'开源、节流'缓解生态用水不足。编制《三北工程常用植物》口袋书，推荐推广一批耐干旱、耐瘠薄、抗风沙的树种草种，绘制出各种植物的自然分布区、适生区分布图，科学优化配置乔灌草植被，回答了'种什么''怎么种''哪里种'等关键问题。同时，加快防沙治沙向机械化、智能化方向研发，压沙固沙机械、灌木平茬机械、无人机飞播等得到广泛应用。"卢琦说。

如今，在中国林科院全员、全力支持下，"三北"工程区15个科技创新高地建设如火如荼，由中国林科院组建的15支科技特派队，深入实地调研，下到田间地头，蹲点包片开展科技成果转化应用示范。

"我国在防沙治沙工作中始终坚持系统治理、综合治理、全域治理的理念，需要科研工作者精准'把脉''开方'，将单项治沙和固沙的技术'组装'在一起，一揽子解决'三北'工程攻坚战遇到的'疑难杂症'，推进全链条、全系统、全要素科学治沙。"卢琦说。

"防沙治沙的目的，就是让那些本不该是荒漠的地方恢复原貌，而非消灭地球上原有的沙漠、荒漠"

"荒漠不是病，荒漠化才是病。"在卢琦看来，天然的荒漠是一类具备多种功能和价值的生态系统。而荒漠化指的是那些本不该是荒漠的地方，因为过度的人为活动，加上气候等因素导致土地沙化。"防沙治沙的目的，就是让那些本不该是荒漠的地方恢复原貌，而非消灭地球上原有的沙漠、荒漠。"卢琦说。

截至目前，我国53%的可治理沙化土地已得到有效治理，沙化土地面积净减少6500万亩，呈现出"整体好转、改善加速"的良好态势。

"然而，我国沙化土地面积大、分布广、程度重、治理难的情况还未'根治'。科研工作者仍需久久为功，不断创新治沙模态，形成更加科学有效的荒漠化防治、沙产业和新能源开发融合发展的治沙体系，引导社会各界共同参与治沙，推动中国荒漠化防治进一步走深走实。"卢琦说。

荒漠化是人类面临的共同挑战。我国不仅加快荒漠化治理，也广泛开展技术研发与国际合作。

去年12月,在沙特阿拉伯首都利雅得召开的《联合国防治荒漠化公约》第十六次缔约方大会(COP16)上,卢琦向参会者分享了荒漠化防治的中国智慧、中国方案。会议期间,他还参加了泛非"绿色长城"建设的研讨会。"通过取长补短、强强合作,泛非'绿色长城'和'三北'工程这两条'绿飘带',地球将被打造得更绿、更漂亮。"卢琦说。

对于自己获得"地球卫士奖",卢琦深感责任重大。"这一荣誉不仅仅是颁发给我个人的,更代表国际社会对中国几十年来荒漠化防治工作的又一次认可,我只是有幸成为参与这项工作的一分子。"卢琦说,未来,中国还要推动荒漠化防治从劳动密集向技术密集、智慧密集转变,为"三北"工程攻坚战注入新活力、发展新质生产力。

当前,卢琦作为召集人,正在加快推进《中国沙漠志(丛书)》的编撰工作。"这套书完成后,将系统总结中国沙漠科学研究70多年来的海量研究成果,建立科学完整、社会共享的国家级数据平台,为科学防沙治沙、国家整体战略布局和区域发展提供科学依据与决策支持。"卢琦说。

《人民日报》(2025年02月26日 第14版)

把"幸福草"带到更多地方

◎ 施 钰

> 从国内到国际,把菌草技术及减贫经验推广到107个国家;从食用菌转向草,坚持试验助力沙漠变绿洲;探索菌草的多领域应用,带动越来越多人投身菌草事业……与菌草结缘20多年,林冬梅热爱菌草事业,用实际行动为菌草事业发展传承贡献力量。

"我们团队到马来亚大学访问交流并签署合作备忘录,将通过培训示范、开设菌草学课程、加入联合国菌草项目等方式,推动菌草技术在马来西亚的创新和应用。"前不久,刚从马来西亚回来的林冬梅,来不及休息,又投入到录制联合国菌草项目英文教学视频的工作中。

今年50岁的林冬梅,是国家菌草工程技术研究中心副主任、福建农林大学菌草与生态学院副院长。2024年一年,林冬梅六成时间都在外奔波。"越来越多的国家从菌草技术中获益,我们也要继续提升技术水平。"她说。

"菌草技术及减贫经验已经推广到107个国家"

20世纪80年代,林冬梅的父亲、国家菌草工程技术研究中心首席科学家林占熺发明了以草代木培养食药用菌的菌草技术,并将其推广到国内很多地区,菌草成为助力脱贫的"致富草""幸福草"。与此同时,随着菌草援外工作的开展,菌草也带动世界上多个国家和地区的人民增收。

从小学起,林冬梅就对父亲的研究领域产生兴趣。

"严格来说,我的第一份'科研'工作,就是每天傍晚准时守在电视机前看天气预报,把各县市的气温记录下来,作为父亲研究食用菌种植的参考数据。"林冬梅说。

2003年,林冬梅放弃在新加坡的工作,回国加入林占熺团队担任助手,着力推进菌草援外工作。2005年1月,林冬梅随父亲前往南非启动菌草援外项目,负责制定项目整体规划、生产模式与培训文稿等。

"到了当地我们才知道,当地农民从未吃过蘑菇,更别提用菌草培养食用菌、管理菇场。"林冬梅介绍,她和同事先给当地农民提供做好的菌包,买来固定容量的水桶,告诉他们每天什么时候浇水、每次浇几桶水,出菇后再帮忙把蘑菇卖出去。

此后,推广标准化管理,林冬梅和专家团队设计并推广"10 平方米菇场"模式,一步步拆分整个生产环节,总结出最适合当地也最简便的方法,让小农户用 10 平方米的土地,在一年内产出 1.2 吨鲜菇。

"2005 年,在南非工作期间,我第一次意识到,菌草技术能改变当地不少贫困人口的命运——学习掌握菌草技术,能增加收入,能把孩子送进学校,能在村里开杂货店,还能买车雇人经营运输,改变自己和家人的命运。"林冬梅说。

从一家一户建菇棚示范推广,到创新"菌草技术国别示范基地 + 合作社 + 农户"的组织形式,再到在非洲高校开设菌草学课程,林冬梅 37 次奔赴非洲,推动国际菌草技术培训及项目落地。"如今,菌草技术及减贫经验已经推广到 107 个国家。"林冬梅说。

"看到菌草在沙漠长成绿色屏障,心中无比满足"

2008 年,林冬梅来到福建农林大学工作;2011 年 12 月,科学技术部批准依托福建农林大学组建"国家菌草工程技术研究中心"。

随着菌草技术研究的深入,林冬梅建议将研究重点从食用菌转向草,进一步完善菌草科学技术体系。

"系统选育的巨菌草等菌草根系发达,生长快、产量高、营养丰富,耐旱、耐盐碱,抗逆性强、保水保土,生态治理潜力巨大,产业开发前景广阔。"2013年起，林冬梅跟随父亲在内蒙古阿拉善盟乌兰布和沙漠开展种植菌草试验示范。

"一群南方人来到西北沙漠，确实没有心理准备。"林冬梅说，刚开始在沙漠种菌草时，基地荒无人烟，条件很艰苦。

不过，更难的还是要在沙漠把菌草种活。

"沙漠里风大，种下去的菌草刚冒出芽就被风沙打烂，再长起来又被打烂。"林冬梅说，团队成员坚持试验、调整方案，种下的菌草历经多次摧折终于长成丛丛绿色，成功固定流沙，"曾经的遍地沙丘，已经变成一块块绿洲"。

如今，林冬梅发现自己越来越热爱菌草事业。"看到各国农户用菌草脱贫致富，看到菌草在沙漠长成绿色屏障，心中无比满足。"林冬梅说。

10多年来，林冬梅及其菌草技术团队已在沿黄9省份与福建、新疆、贵州等省份建立菌草生态治理试验示范基地。

"除了种菌草，我们还在更多领域探索应用"

在福建农林大学，林冬梅为研究生安排的第一课，都是前往基地认识菌草。她说："只有在具体场景下观察、操作，才能发现需要研究的实际问题。"

"菌草不仅能以草代木培养菌菇，在防风固沙、土壤增肥方面也有突出成效。"林冬梅说。2017年，来自多所院校的50多名专家学者见证了沙粒微生物及相关成分的改善，结果显示有机质含量增加了58.97%。

既然菌草能取得良好生态治理效果，如何激发更多人种植菌草的内生动力？林冬梅继续探索。

"去年种了30亩巨菌草、200亩青贮玉米喂牛，巨菌草收了15吨，青贮玉米才5吨，今年我种了200亩巨菌草。"新疆昌吉回族自治州呼图壁县园户村镇养殖户马文华说。

"除了种菌草，我们还在更多领域探索应用。"林冬梅说，比如对接下游厂商，探索菌草纤维材料在纺织上的应用。

目前，福建农林大学菌草技术团队已有近100人，研究涉及菌草的草种选育、生态治理、栽培食药用菌等领域，越来越多人投身菌草事业。

采访结束，天色已晚，但林冬梅当日的工作还未结束。走出国家菌草工程技术研究中心大楼，林冬梅的办公室仍亮着灯，她还在等待前来研讨技术的客人。

"夏初，壮壮的草秆就像胖胖的娃娃，让人喜爱。"这是林冬梅最近的一则朋友圈，发布于5月6日，配图是办公楼前生长的翠绿菌草……

《人民日报》（2025年05月09日　第11版）

广西涠洲岛珊瑚礁海洋公园保护管理团队

涠洲岛的"海底小纵队"

◎李 纵

> 广西涠洲岛近岸水域分布珊瑚礁面积近3000公顷,对维护区域内海洋生物多样性、渔业资源,保护海岸线等有重要作用。
>
> 2012年12月,广西涠洲岛珊瑚礁国家级海洋公园建立,作为海洋特别保护区,主要保护对象正是海底珊瑚礁生态系统。2013年,管理站随之成立,4名80后、90后年轻人陆续来到这里。
>
> 6年多来,这支年轻的保护管理团队为了保护和修复这些美丽的珊瑚礁,正努力发挥聪明才智。

天高云淡、碧涛拍岸，于广西北海国际客运码头乘渡轮出海，航行约 90 分钟，便来到广西沿岸海域最大的海岛——涠洲岛。

岛上林木葱郁、四季常青。离岛不远的海面之下，却是一幅迥异景观：状似蘑菇、色呈棕褐，那是风信子鹿角珊瑚；形似菊花、通体粉嫩，那是柳珊瑚……而在形态各异、色彩斑斓的美丽珊瑚之间，成群结队的小鱼儿穿梭往来，时而挤作一团圆球，时而排成一条长线，好不热闹。

"潜水作业才是最大挑战"

第一次踏上涠洲岛，何精科是有点失望的。在他看来，这个在全国都颇具盛名的旅游胜地有些过于宁静了。

2017 年硕士毕业于中国地质大学（武汉）海洋科学专业的何精科，被安排到管理站工作。如今，他已是管理站负责人。

"正是珊瑚礁激起了我对涠洲岛的热情！"何精科说，管理站成立后，2016 年曾组建专家团队来涠洲岛海域摸清家底，"探明的珊瑚种类有 62 种，各类奇形怪状、五颜六色的珊瑚让我倍感兴趣"。

这些年来，由于全球气候变化以及人工捕捞等原因，涠洲岛海域珊瑚礁受到一定损害。开展珊瑚礁修复工程是目前管理站最重要的工作之一。此前，该管理站由北海市原海洋局分管领导兼任管理站站长，做了很多前期的项目申报和规划工作。何精科是管理站第一位专职负责人，来之后恰逢珊瑚礁修复等项目正式开展，年轻的负责人感觉很有压力，"但同时也很有动力"，何精科说，年轻人在这里有很大的发挥空间。

摩拳擦掌的何精科刚上手便遇不顺：刚开始主持工作时，由于对珊瑚生态修复的知识不够了解，在与项目方交流时有很多障碍。

在以后的工作中，他憋着一股劲苦练内功：查文献了解珊瑚修复的技术、去实验基地实地走访调研、向有关专家及施工人员请教……经过勤学苦练，储备了满脑袋珊瑚修复知识的何精科有了底气。

"这些都不算什么，潜水作业才是最大的挑战。"何精科说，管理站所有成员都需要潜水作业，以此了解培育的珊瑚礁生长状况、成活率，有时甚至要在水下呆四五十分钟，这让从未潜过水的他有些打怵。

"这可不是潜水观光，有时天气不好，海水幽深浑浊，潜下去能见度不到一米，更别说我还是近视眼。"何精科说，"此外，随着深度的增加，水压变大，耳朵会极难受。在这种环境下，我还要观察珊瑚状态，清点数量做记录，真的是硬着头皮干。"

"目前，我们制作了200个珊瑚苗圃床，完成了2万株幼苗培育，400个生物礁体于今年1月投放完毕，这为接下来珊瑚幼苗移植提供了附着体，预计今年上半年在海洋公园修复区域内移植投放完毕。"何精科介绍。

"大家都知道珊瑚是重要资源，是涠洲岛的宝贝"

如果说何精科是涠洲岛上初来乍到的新人，那同为90后的侯超雄，就算得上是土生土长的"老人"了。

侯超雄的父母因工作移居到涠洲岛，他生在岛上、长在岛上，初中毕业才离岛去读了高中和大学。大学毕业在南宁工作一年后，他又回到了涠洲岛，2014年正式成为管理站的一员。因为常年住在岛上，负责对接岛内外事务，大家戏称他是"岛上管家"。

"就是想回来，有时做梦都梦见小时候放学去游泳。"侯超雄说，正是这份眷恋让他回到岛上，"那时候到处都是珊瑚，下海最怕的是被珊瑚扎到脚，现在近海已经少很多了"。

来到站里第一个重要任务，就是根据国家批复圈出的范围，根据拐点处进行浮标投放、确立边界。"总共要在海上拐点处放置16个浮标，用锚链把水泥墩与浮标连起来，将水泥墩沉入海底固定。我跟着施工船在海上漂了三天三夜，那几天有7级大风，风浪下整艘船摇摇晃晃，作业时一不小心人都可能掉进海里，十分惊险。"侯超雄说。

"这两年主要是走家串户跟岛民讲保护珊瑚的重要性，还有日常巡护。"侯超雄说，"既要巡查岛上，还要巡查海上和海底。海上，要检查浮标是否存在，是否被破坏；海底，要检查珊瑚是否被破坏。岛上，要巡查集市，防止有人盗采了珊瑚拿来卖。"

"其实，随着岛上旅游的发展，岛民保护珊瑚的意识已经很强了。大家都知道珊瑚是重要资源，是涠洲岛的宝贝。"侯超雄说。

"珊瑚修复需要很长时间才能见功效，我们能做的就是坚持再坚持"

"除了侯超雄和我，管理站还有两名80后女同事，主要负责办公室的日常工作。"何精科说，他将管理站视作一个创业小团队，就像是一支"海底小纵队"，"我们不正是在海底'创事业'吗？"

"但我们一共就4个人，人手太少，需要时我们一样得潜水作业。"两名80后"女将"之一的钟丽萍说，潜水之前要做很久的心理建设。

"按规定,海洋公园至少应该有 11 个人的编制,但目前北海市正在推行机构改革,机制理顺后我们将加大招聘力度。"北海市海洋与渔业局有关负责人说。

经费上的不足,也滞后了管理站的工作。"我们连一条自己的船都没有,这对定期巡护、水质监测采样以及珊瑚保护等工作造成很大不便,有时要用船只能'蹭'别的单位的。"何精科说。

"除了借船,我们要和兄弟单位合作的地方还不少。"何精科说,海洋环境保护有一定特殊性,合作是必须的,"比如海水污染,有时污染源在岸上,还是要从岛上发力。但根据规定,管理站只能管海上的,岛上治理只能依靠各级管理部门;比如这些年涠洲岛旅游区管委会一直在加强岛上生活污水的处理力度,这也保护了海洋公园的水质"。

侯超雄说,涠洲岛上共 50 个行政村,有近 2 万人口,"要做好保护工作,动员群众一起参与至关重要"。

"我们的目标是一致的,珊瑚是涠洲岛重要的旅游资源之一,旅游发展了,生活条件改善了,岛民自然不会冒险出海打鱼采珊瑚。"涠洲岛旅游区管委会主任林德光说。

确立边界、摸清家底、修复珊瑚,对于何精科他们来说,一切才刚刚起步。"珊瑚修复的时间单位以年来计算,一年才能长几厘米,需要很长时间才能见功效,这要求极大的耐心,我们能做的就是坚持再坚持,这是我们的事业。"何精科说。

《人民日报》(2019 年 02 月 20 日　第 14 版)

白熊坪保护站志愿者

这个熊猫护卫队，厉害！

◎张 文

> 四川唐家河国家级自然保护区内的保护站中，白熊坪是最偏远、海拔最高的，但也是名气最大的。这是我国最早建立的两个大熊猫野外观测站之一。这里招募志愿者时，往往数十人"竞争"一个名额。
>
> 就在这里，年轻的志愿者们巡山、救助动物、写程序代码、修红外相机、建太阳能电站，用青春和才智为自然贡献着力量。

驱车进入四川广元青川县境内的唐家河国家级自然保护区，一路空气清新，郁郁葱葱。数小时后，抵达林中一处水泥平坝，坝中矗立一栋木屋，便是白熊坪保护站。这里每年冰雨天气长达8个月。

就在这里，年轻的志愿者们巡山、救助动物、写程序代码、修红外相机、建太阳能电站，用青春和才智为自然贡献着力量。

专业不一，志愿者们各显神通

乍一看，这就是山上的一个小型信号基站：太阳能电池板下，矗立的铁杆上挂着一个外形普通的金属箱。不过，金属箱里"暗藏玄机"：红外相机、人脸智能识别芯片、信号传输系统一应俱全。

"这个是智能反盗猎装置，布置在一些关键点位，能自动识别盗猎行为，并实时传回影像。"保护站副站长刁鲲鹏表示，以前在盗猎高发地段需要派人设卡，或根据举报线索实地查验，这种笨办法实在耗费人力，效果也不理想。如今，防盗猎不再是保护站最头疼的任务：去年10月安装这套智能系统后，凭借清晰的图像资料，防止了好几起盗猎的发生。

这套厉害的"黑科技"，正是几位短期志愿者研发的——他们都是著名工程类院校的学生，虽然在这里只服务了短短半个月，但不仅为保护站建立了各类智能系统，还建立了小型太阳能发电站，解决了站里的用电问题。

唐家河保护区内的保护站中，白熊坪是最偏远、海拔最高的，但也是名气最大的：该站与卧龙保护区的五一棚观测站齐名，是我国最早建立的两个大熊猫野外观测站。这里招募志愿者时，往往数十人"竞争"一个名额。

"并不是只有学动植物保护的才能做志愿者。"29岁的顾伟龙来自北京,在保护站做志愿者已有4年。

没错,这是一个年轻人"各显神通"的地方:曾在远洋货轮担任二副的顾伟龙,由于喜欢摆弄电子设备和机械,便"承包"了保护站的红外相机、传感装置等器械的故障维修。他为保护站引入了海事联络设备,能随时定位巡山队友的位置,还改装了对讲机,使其联络范围从4公里扩大到了10多公里。

如今,保护站"科技感"十足,节约了大量人力物力。"程序员也能在保护站炫技。"志愿者陈奂琦说。她曾长期从事软件开发与编程,得知每次从野外取回红外相机后都需要人工处理数以千计的照片,她立刻花了几个晚上编写了一套图像识别程序,实现了红外相机内存的智能读取和照片识别。

苦中有乐,巡山也是个技术活

早晨7点刚过,几位志愿者便都已经起床工作:有人负责打包红外相机,准备外出巡山;有人熬粥做饭,为大家准备早餐;还有人负责清点巡山的干粮,查看巡山路线。

"保护站不是世外桃源,志愿者也不是度假的游客。"刁鲲鹏告诉记者,保护站的职能是综合性的,从护林防火、防范盗猎,再到走访周边村镇,都是志愿者的工作范围,"每人每个月的野外作业时间不能少于21天,其余时间轮休。"

即使轮休,最近的县城离此也有5个多小时车程,多数志愿者都有"宅"在大山中好几个月没进过城的经历。在大山深处巡护,是大家最日常的工作。"最远的一次,垂直爬山1000多米。"陈奂琦告诉记者,自己曾一天在野外安装了8个红外相机,第二天胳膊又肿又麻。

巡山的"技术含量"并不低。"你看前面灌木丛里颜色比较浅的这条痕迹,这就是兽径,要沿着兽径走,才能捡到动物粪便。"27岁的王海婴是生态学硕士,在白熊坪做志愿工作已有一年多,她告诉记者,森林的动物们神出鬼没,无法判断种群大小,除了红外相机,只能靠捡拾它们的粪便,提取DNA分析判断。所以,找到并沿着动物在山中的路径追踪,才能做一个合格的"捡屎官"。

工作艰苦,生活条件也颇为简易。打开木屋里的储物柜,除了大堆的蜡烛,就是一箱箱挂面。"去年建成小型太阳能电站前,这里用电只能靠附近的一个小蓄水池的微型水电。"刁鲲鹏告诉记者,冬季蓄水池结冰,木屋中只能点蜡烛。挂面便宜又容易保存,关键时刻是救命的口粮:去年夏季,暴雨冲断了出山的道路,山外的物资送到保护站以前,志愿者们硬是吃了一个星期的挂面。

巡研结合,用成果提升志愿者成就感

保护站的木屋一角,一台双层冰箱是屋内为数不多的电器之一。拉开一看,里面堆放着大小各异的塑料瓶——瓶中装着的,是大熊猫、豹猫、黑熊等动物的粪便和尿液。

"这些都是巡山时好不容易搜集到的'宝贝'。"刁鲲鹏告诉记者,这些塑料瓶会定期被送往外地的机构进行化验分析,得到的数据将被用到保护站的科研项目中。"保护站现在是巡研教三合一,通过做一些科研立项,将科研融入志愿工作中,提升大家的成就感。"他说。

红外相机是野外科研观测最常用的工具之一。"安装红外相机，要根据动物的'身高'来调整高度，比如拍扭角羚，相机通常要安装在75厘米高的地方。"红外相机数据的整理由王海婴负责。这是一项琐碎而精细的任务，巡山时遇到布置在外的红外相机，她会习惯性地检查是否还有电。有一次，一只"特立独行"的乌鸦爱上了红外相机的"自拍"，几天时间就在镜头前留下3000多段照片和视频，迅速耗尽了相机电量和内存容量。

在志愿者们的努力下，一篇篇科研论文在小木屋中完成。"有的科研成果甚至会推动保护站的工作。"刁鲲鹏告诉记者，对于野外出现的大型动物尸体，唐家河保护区曾经都是挖坑深埋处理。后来，志愿者们开展研究发现，大型动物尸体在野外自然分解时，其生态功能大于弊端。比如，在野外死去的羚牛不仅能成为黑熊、野猪的食物，其毛发也会被绿背山雀拔走筑巢。相关论文发表在国内的核心期刊后，保护区对野外的大型动物尸体处理也逐渐转向自然分解模式。

此外，保护站得天独厚的条件，使其成为野生动植物相关专业实践的极佳场所。"现在的兽医，大多是精通养殖业和宠物的救治，而参加野生动物救治的机会很少。"曾参加受伤野外大熊猫救治的志愿者左谦学的是动物医学专业，她告诉记者，每年都有受伤的野生动物来到保护站寻求帮助的事例，这种实践机会非常难得。"目前国内精通野生动物救治的兽医专家不多，希望自然保护区可以多培育这方面的人才。"她说。

2018年，保护站的负责人和志愿者受教育部邀请，前往北京向青年学生们介绍自然保护工作。"保护区财力有限，无法供养太多的专业人才，但可以通过招募志愿者来弥补。"刁鲲鹏希望，通过让外界了解保护站的工作，能有更多有才能的志愿者到保护站来，加入到"熊猫护卫队"的行列中。

《人民日报》（2019年04月10日　第13版）

黄河三角洲国家级自然保护区

守护，为了你最美的样子

◎ 潘俊强

> 在山东东营的黄河三角洲国家级自然保护区，一群年轻人守护着南来北往的鸟儿。观测、保护、调查、研究……泥质滩涂上、两米多高的芦苇丛里，留下了他们闪光的青春。
>
> 由于专业、为了爱情、出于好奇……当初来到这里的原因各有不同，现在，保护区的事业成了他们共同的热爱。

春日的黄河三角洲，海风肆虐，吹得脸有些疼；阳光打在水面上，远看有些晃眼。

顾不上梳理凌乱的头发，赵亚杰选好位置，架起单筒望远镜，观察起湿地里的鸟儿。"一只，两只，三只……"她嘴里念叨着："这是黑嘴鸥，那是东方白鹳……"

不少鸟群，她不止一次观测到过，可每次看到，还是会像第一次发现时那样兴奋。春去春来，候鸟有去有回，赵亚杰觉得就像送走了一群老朋友，又来了一群老朋友。

在位于山东东营的黄河三角洲国家级自然保护区，有一群年轻人，每天以观测、保护、研究鸟类为主要工作，同时兼顾其他动植物的保护与研究。因为他们有闯劲、干劲、钻研劲，保护区也乐于为他们搭建平台，成立了科研中心。

"这儿就好像一个百宝箱，等待着我们去探索"

"刚来的时候，自己像只活泼的小鸟。"回想起来，赵亚杰笑着说，每天天不亮就跑进保护区看各种鸟。迎着朝阳，苏醒的鸟儿扑棱开翅膀，脚一蹬地，冲向蓝天。

赵亚杰的家在辽宁葫芦岛。葫芦岛靠海，但她家不临海。在沈阳读完博士，她来到黄河三角洲，看到了海，也看到了乌压压的鸟群，"这儿就好像一个百宝箱，等待着我们去探索"。

2014年初秋入职，一个月后，赵亚杰觉得这就是自己要待的地方。那时，她的男朋友在北京有一份不错的工作，她硬是把男朋友动员了过来。如今，男朋友已经"升级"成老公，在东营一家乳制品企业工作。

同样是因为爱情，科研中心负责人、济南小伙子王安东也追随着女朋友的脚步，来到了保护区。

他的妻子是东营人。不过，对于他来说，选择保护区，除了爱情和专业，还出于兴趣。

有一次，在保护区外围，他看到天空飞过种种鸟群，黄河三角洲成为他魂牵梦萦的地方。王安东说，他忘不了自己第一次见到丹顶鹤时的情形，"在水里走来走去，就像翩翩起舞的艺术家"。王安东说起来有些兴奋，"漂亮优雅都不足以形容它的范儿，这和看照片、看电视完全不一样。"

从事科研工作要有好奇心，也正因此，这里的年轻人有了新发现。

2014年12月，王安东和赵亚杰在保护区发现了一种从未见过的鸟。"对照黄河三角洲鸟类图鉴，没有这种鸟，我们又去查中国鸟类野外识别的权威资料。"王安东说，最后确定是蒙古百灵，"这说明，保护区的生态环境变好了，鸟儿数量和种类都多了起来"。

如今，保护区里的各种鸟，王安东和赵亚杰都如数家珍。

"发现新鲜的鸟粪，大家就像是捡到了宝贝"

王伟华来保护区已经10年了。鸟类栖息地建设、湿地恢复等，她都参加过。她说，印象最深的是捡鸟粪，"这是很大的考验"。

保护区有不少来自各地的候鸟，卫生防疫部门要求做好疫源疫病监测。

咋监测？"抓鸟很难，可以从鸟粪里找，就要做好采样。"王伟华说。有时趁着鸟群刚飞走，就赶紧过去满地找鸟粪，必须找刚排泄出来的，样本才可能有效。

海边阳光照射，没遮挡，风又很大，鸟粪容易干。捡拾不及时，就得另寻别处。

"发现新鲜的鸟粪，大家就像是捡到了宝贝，比赛似的赶紧往采样管里塞。"王伟华说。

拿鸟类调查来说，一天步行几十公里是常有的事。平地上，普通人每天走十几公里就感觉累，他们有时一天要在一望无际的泥质滩涂走20公里。"有时候，走一步陷下去，拔出脚再迈出去，每一步都很难。"王安东说。

2015年到2018年，保护区与一所高校合作，在保护区内进行林业有害生物普查。由于黄河三角洲多滩涂、湿地，芦苇两米多高，走进去都不见人，更没有路，他们都是带着导航仪进入芦苇荡。

"导航仪可以记录来时的轨迹，到时候可以原路返回。"赵亚杰说，有时候无路可走，都是扒拉开芦苇和草，艰难前进。夏天，蚊子不仅多，个头也大。当地人戏言，七个能炒一盘。

不过，第一次进入芦苇荡时，令赵亚杰大惊失色的还是马蜂窝。那次，她不小心被马蜂蜇了，导航仪也丢了。

这些年，他们的足迹遍布保护区的土地、沼泽和滩涂。"夜晚在站所大院，天上繁星点点，听取蛙声一片。"赵亚杰笑道。他们所在的站所，离市区五六十公里，周末才能回家和家人小聚。

"这是我们的事业，我们一定干好"

春天来了，又到鸟类繁殖季。东营因为保护区的存在，成了黑嘴鸥之乡。黑嘴鸥繁殖调查，要清点有多少个巢，还要摸清有多少颗卵，最终有几只小黑嘴鸥破壳而出。

一次黑嘴鸥繁殖调查时，赵亚杰在离黑嘴鸥繁殖区域不远处清点幼鸟，没想到，几只小黑嘴鸥迎面走来，走到赵亚杰的影子里停住了。"我离它们挺远的，没想到它们居然会走过来。"赵亚杰说，它们是在躲避天敌，也避开阳光照射，把我当成依靠了。不过，小黑嘴鸥的母亲很紧张，在上面盘旋，着急要保护它的孩子。赵亚杰离开时，小黑嘴鸥的母亲飞扑过去，用翅膀护住它们。赵亚杰记录下了这个瞬间。现在，作为一个孩子的母亲，她完全理解小黑嘴鸥的母亲紧张里饱含的深情。谈到这儿，她有些感动，坦言自己更爱这份工作了。

王安东介绍，全球现有的鸟类迁徙路线有两条经过保护区。深秋，白鹤从东北飞往南方，会把保护区作为"中转站"歇脚，少则一周多则半月。

2018年深秋，在此歇脚的白鹤达到1200多只。进入冬季还有90只白鹤在此越冬。如今，在保护区内，候鸟和留鸟共368种，珍稀鸟类不少。像白鹤一样，不少候鸟变成了留鸟，在这里定居。

"就像候鸟变留鸟一样，我们从各地来，扎根在此，观鸟爱鸟护鸟。"王安东感慨："这是我们的事业，我们一定干好。"

《人民日报》（2019年04月17日　第14版）

密云水库

一泓碧水润京城

◎朱竞若　贺　勇

> 作为首都重要的地表饮用水源地，密云水库60年来滋养了几代北京人。2014年，南水千里进京，密云水库同时成为南水调蓄库，成为首都供水的压舱石和稳定器。
>
> 从严管库区一级水源地，到实行绿色发展，密云区坚持践行"绿水青山就是金山银山"发展理念，不断创新完善保水机制举措，实施全方位立体化管控和保护，确保了首都水源安全。

曾经，北京人喝的三杯水中，就有两杯来自密云水库。这里，碧水浩渺，群鸟翩飞，森林拱卫，岸线蜿蜒，远山叠翠。

像保护眼睛一样保护密云水库，像对待生命一样对待生态环境，密云改革管水护水机制、探索京冀上下游全流域协同管理，实行全域产业绿色转型，山村居民全面实行垃圾分类，全区生态环境质量持续跃升：2019年，密云水库蓄水量达到26.8亿立方米，水质始终稳定达到地表水Ⅱ类标准；2019年全区PM2.5为34微克/立方米，空气质量全市最优；2020年以来再降至30微克/立方米，空气质量改善率居全市之首。

守护一泓碧水，密云人60年来讲奉献，把"奉献"作为密云人民的精神传承；践行"两山"理念，密云人不仅讲奉献，他们发展旅游业、发展养蜂业、发展智慧农业、发展生物医药，"绿水青山"向"金山银山"转化有声有色，打响了"古北水镇""山里寒舍""蜂盛蜜匀""生态密云"等一系列产业品牌，密云50万群众的生活越过越美了！

60年不懈守护：水质越来越好

60年前的9月1日，经过京津冀三地20万劳动大军两年的艰苦奋战，密云水库成功蓄水，它拦蓄上游"水流湍急、其声如潮"的潮河水、"沙色洁白、其水滔滔"的白河水，发挥着防洪减灾、城市供水、涵养生态的作用。

60年间，守护密云水库成为密云人最重要的政治责任，严格科学的管理，使这里水质越来越好。

水面上，一艘执法快艇像箭一样驶过，留下长长的一道水痕。

密云水库综合执法大队水上分队队长杨荣亮，正带领同事在水面上巡查。"水库周边155米高程以下的区域被划定为一级保护区，沿着保护区边缘架设了长305公里、高约2.5米的围网，实行全封闭管理，禁止一切无关人员入内。"杨荣亮告诉记者。

围网之上，通过394个摄像探头实现了对库区24小时实时监控，该系统可实现破坏翻越围网报警、警告劝离、违法取证等功能，各出入口进行人脸识别、车牌号识别，提高了密云水库综合执法效率。

此外，原有燃油执法船只全部退出，更换为环保动力执法船，密云水库综合执法大队已配备无人机，实现水陆空全方位打击涉水违法行为。

密云区不断深化保水体制改革，将区级131项涉水执法权统一授予综合执法大队，在全国率先实现特定区域综合执法。"通过加强顶层设计，形成保水合力，使执法能力和效率得到显著增强。"密云水库综合执法大队大队长宇兴评说。截至目前，已破获3起非法电鱼案，涉案6人全部入刑。

与此同时，密云水库一级保护区内273平方公里被划分为160个保水网格，2150名保水网格员常年在岗，建立护水、护河、护山、护林、护地、护环境的"六护机制"，形成"横到边、竖到底、全覆盖"的保水防控体系，织密村级保水网。

护水大军、护水网格、护水机制、护水法规，构成了守护密云水库的一道道屏障。"现在，监测频次提升到1周1次，水质始终维持在地表水Ⅱ类标准，高于饮用水源要求。"密云水库管理处水环境监测分中心主任潘轲旻说。

上下游协同，共护一库清水。按照山水林田湖草生命共同体理念，密云同在密云水库上游的承德、张家口两市五县及北京市怀柔区、延庆区开展生态清洁小流域建设，构筑"生态修复、生态治理、生态保护"三道防线，综合运用21项措施治理水土流失面积600平方公里，确保清水下山、净水入库。

从严管库区一级水源地，到全区实行绿色发展；从管好地表水，到管好地下水；从各级政府依法管水，到村里人转变生活方式全民护水；从本地管水，到上下游协同管水……几十年间，尤其是党的十八大以来，密云保水、护水的理念和方式，都发生了根本改变，密云水库这颗"燕山明珠"更加璀璨夺目！

全域绿色转型：生态越来越好

"父老乡亲为咱们密云水库做出了贡献，我代表区委区政府谢谢大家了！"2018年8月24日，在密云水库上游养殖户专项治理工作推进会上，密云区副区长朱锡才脚踩黄土地，手持大喇叭，面向养殖户们深鞠一躬，感谢大家对保水工作的理解与支持。

为保护密云水库，密云全面实施畜禽禁养工程，全面清退水库一级保护区内692家养殖场户，同时全面清退水库上游主要河道周边72家水产养殖企业。

大城子镇养殖户王文友养鱼养了一辈子，可正当养鱼事业蒸蒸日上之时，却收到了"清退通知"。

"尽管养殖场一直排放合格，但我们理解高水平保水的新要求。绿水青山就是金山银山，我相信今后会有新的出路！"没等补偿款到位，王文友就主动递交退养申请，虽然不舍，但第一个拆除了养殖场。

整治94个库中岛，退出库区155米高程以下10万多亩"押宝地"，消除农业面源污染……密云人舍小家、为大家，重新择业，有人甚至多次做出无私奉献。

坚守初心，勇担使命。众所周知，密云的铁矿资源储备极其丰富，北京地区蕴藏的铁矿石98%集中在密云。然而，在巨大的经济利益和就业需求面前，密云再次做出"保水"的选择，毅然决定将区内5家矿山企业全部关停退出。

关停矿山，修复生态。到2019年底，密云区森林覆盖率达到65.55%，林木绿化率75.3%；城区人均公园绿地提高到14.86平方米，城市公园绿地500米服务半径覆盖率提高到81.96%，城乡居住环境明显改善，初步形成青山环绕、林城相映、林水相依、林路相衬、林居相嵌的城市森林生态系统空间格局。

划定红线，铁腕保护。2018年，北京市划定全市生态保护红线，其中，密云划入保护线的总面积达905平方公里，占了北京市保护地域的1/4，水源保护区和生态保护红线面积均居北京市首位。作为2020年北京市唯一一个"基本无违建"创建区，密云坚决拆除违法建设，实现生态环境提质扩容、生态资源优化利用，形成践行"两山"理念的密云创新行动实践。

好山好水好生活：日子越来越好

有了绿水青山，如何转化为"金山银山"？密云区委书记潘临珠表示，密云练好"转化"之功，让群众有获得感，正是其中一个关键。

密云水库北岸，蜂农刘显生家的150个蜂箱在山楂树下整齐排列。"预计今年养蜂收入将达到6万余元，我准备将蜂群增加到200箱。"刘显生喜滋滋地说。

刘显生是密云区冯家峪镇西口外村村民，冯家峪镇林木覆盖率达到85.6%，但严格的保水制度让群众"有水不能用、有山不能采"。2017年，苦于发展无门的刘显生收到了区里送来的50群蜂和一整套养蜂设施，在下派技术员指导下，刘显生学会了调脾、分蜂等技术，当年就实现增收。

"一箱蜂，一亩田"，养蜜蜂已发展成为密云富民大产业，截至目前，全区已有蜂农2072户，蜂群11.5万群，成了名副其实的"北京市养蜂第一大区"。

保水又富民，水库边上荞麦峪村的荞麦宴办得风风火火。"做荞麦面点，镇里给我们请了老师。"荞麦峪村的水库移民万明芝说，镇里还向民俗户发放桌椅，无偿帮他们对外宣传。万明芝精心研究，自创造型，小黄鸭、小刺猬……如今，万明芝能做30多种荞麦面点造型，很多城里人成了她家的回头客，一年有三四十万元的收入。

依托良好的生态环境，密云区发展生态农业、民俗旅游、特色经济，乡村旅游收入连续9年位居北京各生态涵养区首位。

好山好水好生活，走进以休闲旅游著称的石城村，农民石画让人惊叹。捡起河滩石头，村里一些50多岁的村民，在接待游客之余，拿起画笔画村居、画动物，都成了小有名气的民俗画家，生活红红火火。

青山绿水令人流连，未来发展让人憧憬。作为北京市建设全国科技创新中心主平台之一,怀柔科学城1/3的面积位于密云区。目前已布局9个项目,其中名为"寰"的地球系统数值模拟装置技术水平居于世界前列。借助怀柔科学城东扩这一"神来之笔",中关村密云园以经济开发区和生态商务区为引擎,带动密云产业高质量发展。

如今,密云区"两山"基地建设已进入北京市委生态文明建设委员会2020年度重点工作,密云正朝着北京生态环境样板区奋勇前行!

《人民日报》(2020年09月01日 第6版)

庐山植物园

镌刻在年轮里的足迹

◎朱 磊 杨颜菲

> 到庐山，很多人都会去中国科学院庐山植物园——这座成立于1934年的植物园，已历经80多个春秋。
>
> 在庐山植物园正门，两根约3米高的方形石柱上，分别刻着"中国科学院""庐山植物园"字样。这里有迁地保育的植物5500余种，其中仅珍稀濒危植物就有157种，更以研究蕨类、松柏类和杜鹃花属植物在业界闻名……

高山上建起植物园

进入庐山植物园正门后不久,一幢石质建筑"科普馆"矗立眼前。馆内办公室里,一位学者正坐在办公桌前翻阅资料。

他叫胡宗刚,今年59岁,在植物园工作已有40余年。从事中国植物学历史研究的他,将植物园的历史娓娓道来:"庐山植物园的创始人是胡先骕、秦仁昌、陈封怀。他们是中国植物学的先驱,也是我们植物园的'三老'……"

庐山植物园刚成立时叫庐山森林植物园。创建初期,庐山含鄱口附近的场地和房屋被作为庐山森林植物园开办的园址。胡先骕委聘秦仁昌为第一任庐山森林植物园主任,并让陈封怀担任园艺技师。

尽管庐山土质肥沃,但当时在高山建园谈何容易?山上云雾缭绕、物资运送不便、冬季漫长而寒冷,这些都是植物园建设的巨大阻碍。而比恶劣的生活工作条件更难解决的问题,是人才严重不足。

为解决人才问题,秦仁昌将招来的技术人员等全部召集起来,在周末上技术课。秦仁昌辅导植物学理论、研究方法、拉丁文和英文等课程,相关技术人员夜晚还要自修。就这样,建设和人才培养齐头并进,温室拔地而起,修路开圃,植物园雏形初现。

20世纪40年代,胡先骕发现并正式命名"水杉"这一珍奇活化石植物,引起世界植物学界重视;1978年,秦仁昌建立蕨类植物分类命名法"秦仁昌分类法",沿用至今;陈封怀对报春花科、菊科、毛茛科以及栽培植物均有深入研究,他主编的《庐山植物园栽培植物手册》一书,总结了20余年的引种驯化成果……庐山植物园发展迅速,在学界影响力日渐提高。

如今，植物园中心区域内，"三老墓"掩映于修竹翠柏间。按照"三老"的遗愿，他们最终长眠在了为之奋斗一生的植物园内。

艰难困苦砺壮志

抗日战争时期，庐山植物园遭到严重破坏。1945年，陈封怀重回庐山，这时的植物园已面目全非：千亩山林已成荒山，原有的3100多种、110万株名贵树木枯萎殆尽。令人欣慰的是，最初的那20亩苗圃里的松柏在没人照顾的情况下，却依然顽强地活了下来。

1946年，为了恢复植物园，陈封怀等人开始四处筹集经费。条件相对艰苦，但一代又一代科学工作者却从未改变初衷。

"我1957年从武汉大学生物系毕业便来到植物园工作，在这里一待就是一辈子。"庐山植物园植物学家赖书绅说。

"我那时年轻，在野外做植物调查，遇到当地老乡向我们问问题，要是回答不上来，老乡会说：你们科研人员水平太低。"说到这里，赖书绅笑了，"从那以后，这句话时刻鞭策着我，做科研要注重转化为实际价值，转化为服务百姓、服务生产生活的能力。"

1986年，20岁的张乐华从江西农业大学毕业，来到庐山植物园。30多年来，张乐华全身心投入杜鹃花研究中。野外科考时，他们住在老乡家里，小床挨着鸡窝，每晚睡前都要喝一点酒，再把酒涂在身上，以防到处乱蹦的跳蚤咬人。"要想找到稀有植物，必须走小路，越是人迹罕至的地方，越有我们要找的植物。"张乐华说。

出生于1975年的彭焱松，2000年来到植物园，成了赖书绅的学生。让他印象最深刻的是，每逢庐山下雪，大家都要步行几个小时才能下山。"辛苦是辛苦了点，但转念一想，冬天进山，既能欣赏雪景，又能锻炼身体。"彭焱松说。

凭着一股乐观和坚韧的劲头，张乐华、胡宗刚、彭焱松都选择留在植物园，继续自己钟爱的研究事业。"在最艰难的时候，我们总会想起前辈们的努力和付出。我们也都有一个信念，植物园一定会越来越好。"张乐华说。

开拓创新启新程

晚上9点半，庐山植物园办公楼二楼，植物园主任黄宏文的办公室依然亮着灯。

2019年3月，江西省人民政府和中国科学院在北京正式签署共建中国科学院庐山植物园协议书。同年4月，中国科学院庐山植物园第一届理事会第一次全体会议在南昌召开，这也标志着省院共建中国科学院庐山植物园工作正式拉开序幕。

"江西在我国东西、南北的过渡带上，对我们保护植物多样性、发挥植物学作用、服务于国家的生态文明建设有重要作用。"黄宏文告诉记者，2019年刚来工作时，植物园科技人才不足，全园专业技术人员仅57人。

"一定要把植物园搞起来！"来到植物园的第一年，黄宏文做的最重要的一件事，就是招聘人才。

在澳门科技大学任教的程春松来到了这里，"有国家支持，我们的园子以后一定会成为植物科学研究最重要的基地之一。"

在东北林业大学任教的德国学者拉尔夫慕名而来："我的研究方向是植物表观遗传研究，庐山植物园有很好的研究平台。"

植物园高层次人才招聘从2019年的5名博士研究生到2021年

的 22 名，还组建了 4 个研究中心、16 个课题组。另一方面，科研基础条件也越来越好：数百万元的共聚焦、荧光显微镜等，价值 2000 万元的实验设备和实验室让所有科研人员都振奋不已。

在这样的平台上，学者们干出了不少成绩。

"2019 年，我们启动了庐山森林生态监测大样地建设。已完成庐山固定大样地首次基础调查，获得 676 个样点地理坐标信息，大样地内树高 1.3 米处胸径大于等于 1 厘米的木本植物名称、相对坐标、高度等信息，初步计算样地坡度、坡向、凹凸度等地理环境信息。"彭焱松介绍，"这是植物学研究的平台性基础设施，建成以后，通过对这里 100—200 年的监测可以对全球气候变化、植物演替和生态格局等提供非常好的参考。"

产自江西的小溪洞杜鹃一度被列入世界自然保护联盟濒危物种红色名录。张乐华先后去了井冈山多次，终于找到了仅存的一棵小溪洞杜鹃。如今，在庐山植物园的温室里，小溪洞杜鹃成功引种，毛茸茸的叶片很是可爱。

黄宏文表示，未来，在学科布局和研究团队组建方面，庐山植物园将围绕江西丰富的山区植物资源，以及环鄱阳湖生态环境，努力做好"一山一水"大文章。

植物园最早的那片苗圃，如今已是园中的松柏园。这些风雪压不倒的大树，用一圈圈的年轮深深地镌刻着植物园 80 余年来的发展足迹，将这动人的故事讲给后来人听……

《人民日报》（2022 年 04 月 13 日　第 14 版）

安吉：看"绿水青山就是金山银山"

◎江　南　窦瀚洋

> 2005年8月15日，时任浙江省委书记的习近平同志考察湖州市安吉县天荒坪镇余村，首次提出"绿水青山就是金山银山"科学论断。
>
> 多年来，安吉县干部群众牢记嘱托，深入践行"绿水青山就是金山银山"理念，始终坚持在发展中保护、在保护中发展，走出了一条生态美、产业兴、百姓富的发展之路。

守护生态

综合运用自然恢复、人工修复两种手段修复废弃矿山，系统治理，探索上下游生态补偿机制

漫步余村，一座镌刻着"绿水青山就是金山银山"的石碑前，不时可见游客拍照留念。

"从'卖石头'到'卖风景'，我们村变化太大了。"汪玉成说，20多年前，余村发展"石头经济"，最盛时全村有3座矿山、1家水泥厂，100多辆拖拉机穿梭于矿山和企业之间。

"那时候，我在矿上当矿工，每天干干净净出门，灰头土脸回家，虽说赚了些钱，但没有多少幸福感。"61岁的余村村民葛元德告诉记者。

"和余村一样，过去县里还有些村子开矿。群众的钱包是鼓了，地方财政也上去了，但乡村不再美丽。"湖州市生态环境局安吉分局局长朱红星说。

2003年6月，浙江省启动"千村示范、万村整治"工程。借着"千万工程"的东风，安吉县许多开矿的村庄陆续关停矿山，复垦复绿，提升村容村貌，"石头经济"渐成历史。

如今，葛元德的工作是帮儿子葛军照看店铺。2015年8月，葛军从杭州回乡创业，他把自家老屋改造成工作室，取名"两山文创阁"，主要销售竹编制品、竹雕、石头工艺品及当地其他土特产。

"同样是卖石头，父亲过去靠炸山，我现在靠创意。"葛军呵呵一乐，"父亲工作过的冷水洞矿山，现在也变成了遗址公园。"

步入冷水洞矿山遗址公园，园内以砾石铺地，平整又不失质朴。以前烧制石灰的窑洞，如今洞口前立起"灰窑遗址"的标牌，周围的山上竹林繁茂。以往采矿后裸露的灰白崖壁上，这儿一丛那儿一片地覆盖了不少绿色。

"关停矿山之后，这些年我们综合运用自然恢复、人工修复两种手段，因地因时制宜、分区分类施策，全县累计修复历史遗留废弃矿山60多处。"安吉县自然资源和规划局副局长许军法介绍，"十四五"期间将完成所有矿山修复工作。

山更绿，水更清。一条夏阳溪，经安徽省广德市卢村乡高庙村、石狮村、石峻村一路潺潺，流至安吉县孝丰镇夏阳村。过去，上游村庄产生的污水、垃圾等时常顺流而下，给夏阳村带来烦恼。

2022年10月，在安吉县、广德市支持下，孝丰镇与卢村乡签订《浙皖两省夏阳溪流域上下游横向生态保护补偿协议》。协议约定，安吉县财政支持夏阳村每年设立一定数额的考核奖励资金，分别以夏阳村和石峻村、石峻村和石狮村、石狮村和高庙村交汇断面为考核监测点，实施水质一月一检测。相关指标达到地表水Ⅱ类标准，上游3个村可获得相应补偿。

湖州市生态环境局安吉分局副局长王灵君回忆，他们与广德市相关部门磋商协调了几个月后达成协议，"要在目标、部门、区域、政策、多污染物控制等方面做到协同，推动上下游统筹谋划、系统治理。"

"现在，我们4个村每月开展多次联合巡河，集中清理河面、河道。"夏阳村党支部书记、村委会主任鲍鑫带上火钳、垃圾袋、监测仪器等，沿夏阳溪向上游一路巡查，"每次巡河都要带上监测仪器，如果发现指标异常，就通知其他几个村子一起找原因，想解决办法。"

系统治理造就良好生态。如今，夏阳溪上游村子利用领到的补偿资金等，建起两处污水处理终端设施，持续提升水质。夏阳溪的水清了、景美了，来夏阳村亲水露营的游客也日渐多了起来。

"在安吉，这样的上下游生态补偿机制目前已覆盖41个行政村，每年落实生态补偿资金超过1亿元。"朱红星说。

盘活资源

发展林下养殖，推动全域旅游，试行碳汇交易，把生态优势转化为经济优势

"为啥竹林鸡的平均售价比普通肉鸡高出3倍？消费者看中的是我们这里的好生态。"走进安吉县上墅乡刘家塘村，上墅乡副乡长、刘家塘村党总支书记褚雪松带记者参观村里的林下养殖基地：300多亩林地内养了约3万只鸡，一片翠竹之下，毛色黄亮的鸡正三两成群地悠闲踱步觅食。

"竹林鸡的生长环境绿色生态，吃的是野菜、昆虫等，鸡肉品质好，自然得到消费者青睐。这批鸡还没长成呢，就已被预订一空。"褚雪松说。

安吉县森林资源丰富，其中竹林面积约100万亩。"我们采取多种路径，把生态优势转化为经济优势，林下养殖是一条路子。"褚雪松介绍，刘家塘村自去年启动林下养殖项目以来，竹林鸡的预订量已超过20万只。

发展全域旅游是另一条路子。行走于上墅乡及周边乡镇，山峦绵绵，翠竹青青，泉水汩汩，田园风光尽收眼底。有的村利用湖光山色发展夜间观光；有的村利用竹海、山泉等资源，打造景观小品并串珠成链；有的村依托周边乡村旅游的蓬勃发展，顺势打造民宿村落……

"因地制宜，刘家塘走的是农旅融合的发展之路。"褚雪松说，游客在刘家塘村欣赏美景之外，还能体验林下养殖等田园生活，购买竹林鸡、笋干等土特产回家，"通过各展所长、携手发展，我们的发展目标更加清晰，致富渠道也更多了。"

褚雪松介绍，随着生态环境的持续改善，安吉县的许多村庄较早吃上了"旅游饭"，但前些年条块分割的旅游规划、单打独斗的经营业态、不成规模的文旅项目，制约了乡村旅游高质量发展。

"怎么办？安吉锚定全域一盘棋，推动强强联合、优势互补。"安吉县文化和广电旅游体育局副局长叶明珠介绍，2019年9月，安吉入选首批国家全域旅游示范区，"在安吉，可以跨村创建民宿村落、跨镇创建全域旅游示范乡镇。2023年起，根据各乡镇街道的优势文旅资源，全县将重点构建'天山上'等3个休闲旅游业片区发展格局。"

叶明珠所说的"天山上"片区，即余村所在的天荒坪镇和周边的山川乡、上墅乡。"这个片区也叫'大余村'景区。"褚雪松介绍，近年来，安吉县以余村为中心牵手周边4个村共同发展，后将范围扩大到天荒坪镇、山川乡、上墅乡下辖的24个村，试点建设"高能级、现代化、国际范"的"大余村"。

"通过整合盘活'大余村'全域生态资源，统筹人才和资本，优化文旅产业和新业态布局，推动生态资源更好变现。"褚雪松说，"县里请来规划师团队，立足我们村的资源禀赋，同时按照'大余村'发展整体规划，帮我们打造特色亮点，最终确定了农旅融合的发展定位。"

"大余村"带动大发展。2023年1月至10月,"大余村"共接待游客670万人次,同比增长25.3%;实现旅游收入90.6亿元,同比增长27.1%。

茫茫竹海还能做什么？对山川乡高家堂村村民而言,还能"卖"竹林里的好空气！

前不久,一笔21万元的竹林碳汇交易款汇入高家堂村集体的账上。"这是全村4080亩竹林的碳汇交易收入,已用于村民分红及村里的竹林养护。"高家堂村党总支书记周斌说,仅此一项,可实现全村户均增收近千元。

2021年12月,安吉县成立县级竹林碳汇收储交易平台——安吉两山竹林碳汇收储交易中心,鼓励各村将村集体及村民林地使用权交由中心集中经营,并按照相关政策开展碳汇交易,收益用于村集体建设及村民增收。

"两山竹林碳汇收储交易中心运行两年来,已收储84万亩林地,完成22笔交易,交易金额173万元。"安吉县林业局竹产业发展中心副主任柴庆辉介绍,"林权流转—碳汇收储—林地经营—平台交易—收益反哺"的良性循环初步形成。

绿色发展

腾笼换鸟,实施"亩均论英雄"改革,推动经济社会发展绿色化、低碳化

一边是废液,一边是废气,却成为两家企业相互提供的生产原料。这事儿,发生在位于安吉县的长三角（湖州）产业合作区天子湖片区园区。

走进园区里的安吉天子湖热电有限公司，一个标识着"谢菲尔考克浆液回收处"的大型储存设备映入眼帘。"里边是同一园区的谢菲尔考克碳酸钙湖州有限公司排放的废液，每年大约有500吨运送到这里。"天子湖热电公司总经理李明介绍，公司燃烧锅炉产生的烟气须经脱硝、脱硫、除尘等工序后方能排放，"碳酸钙是脱硫工序所需原料，我们把废液回收利用，大大减少了石灰石用量，降低了成本。"

谢菲尔考克公司那边呢？公司相关部门负责人告诉记者，天子湖热电公司经过处理后的洁净烟气中的二氧化碳，正是谢菲尔考克公司生产碳酸钙产品的主要原料之一。通过建立专用通道，热电公司捕集的清洁二氧化碳供应给谢菲尔考克公司，实现双赢。

"现在，我们公司每年可减少二氧化碳排放约390万标准立方米。"李明说。

两家企业的深度合作是安吉推动绿色低碳发展的一个缩影。长三角（湖州）产业合作区经济发展局产业科科长袁龙介绍，"十三五"以来，天子湖园区已陆续腾退高耗低效项目近40个，引进绿色低碳项目上百个，谢菲尔考克公司即在其中。

"我们坚持把绿色低碳发展作为解决生态环境问题的治本之策，加快推动发展方式绿色低碳转型，厚植高质量发展的绿色底色。"安吉县委副书记、县长宁云介绍，近年来安吉深入实施"亩均论英雄"改革，依托亩均税收、亩均增加值等多项指标评价企业，着力调整和优化产业结构，引导企业持续推进技术创新，推动传统制造业转型升级。

"对即将破产、关停的企业用地和自身缺乏改造开发能力的企业低效用地,我们依法收储或通过嫁接项目等方式盘活。"宁云说。

2022年7月,天子湖园区一家占地110亩的造纸包装企业腾退。取而代之的是一家高产值、高附加值、低污染、低能耗的电子新材料企业,总投资约5.5亿元。

腾笼换鸟,引来一批高新技术企业落户安吉。自2017年至2022年,安吉县高新技术企业从98家增加到316家,高新技术产业增加值从60.8亿元增加到164亿元。

腾笼换鸟,也助推传统企业加快转变发展方式。步入位于灵峰街道的永艺家具股份有限公司生产车间,技术工人正在一块块显示屏前查看实时生产进度。近百米的生产线上,压铸、裁布、缝纫、包装等多道生产工序环环相扣,每道环节都有对应的自动化设备,减少了原材料损耗。

再看制成的家居产品,每款都有一个碳标签证书,产品对应的碳排放数值、依据的标准规则、使用材料等信息一应俱全。"这是我们产品的绿色身份证,有了它,产品销路越来越好。"公司副总经理陈熙说,"如今,我们生产用上了太阳能光伏绿电,产品包装用上了可降解环保材料,逾九成生产材料实现了回收再利用。"

以椅业、竹业为特色的家居产业是安吉县传统支柱产业之一。近年来,安吉县加快推动企业绿色低碳转型,并与研究机构合作,建立了绿色家居产业链全生命周期碳排放公共服务平台,为绿色家居企业提供产品碳足迹评价和碳标签认证服务。"迄今,全县已生成21个绿色家居产品碳标签证书。"安吉县经济和信息化局副局长李丰说。

目前,安吉县绿色家居企业达1200多家,其中规模以上企业

304 家，占全县规模以上企业比重超过 50%。2022 年，全县绿色家居产业总产值达 326.1 亿元。

制度创新

探索"森林法官"、部门联动等机制创新，齐抓共管，合力推进生态文明建设

在安吉县报福镇中张村，护林员沈福旺以前开展工作时最怕别人刨根问底，"对方要问我犯了啥法，有时候真答不上来。"

不久前，沈福旺发现一名村民将自家鸡舍建在村子的公益林里，上前劝阻却遭反驳，"我在林下搭个鸡棚碍着谁了，为啥要拆？触犯了哪条规定？"

沈福旺也犯了难，随即给负责联系中张村的"森林法官"、安吉县人民法院孝丰人民法庭法官苏娈打去电话。没两天，苏娈主动找到这名村民，向他耐心解释："发展林下养殖要合法合规、科学开展，要提前向林业部门申请林业设施用房审批，更不能对树苗等造成破坏。"

苏娈讲得有理有据，这名村民自觉理亏，拆除了鸡棚，又在原地补种了树苗。"法官现场说法，事半功倍，我们也跟着学了不少法律知识。"沈福旺说，"'森林法官'还帮我们以案释法，开展普法教育，村里因环境问题产生的矛盾纠纷越来越少。"

2021 年起，安吉建立起"森林法官"工作机制，由员额法官、法官助理等组成的 120 名"森林法官"下沉到全县 215 个行政村（社区），开展纠纷化解、法律问题指导及普法宣传等，为生态环境保护筑起法治屏障。"浙江安吉法院'森林法官'守护森林竹海"被写入《最高人民法院工作报告》。

加快制度创新，增加制度供给，强化制度执行。近年来，安吉把制度建设作为推进生态文明建设的重中之重，创新设立"森林法官""五级河长""三级林长"等机制，探索并推行环境公益诉讼等制度创新，灵活高效的体制机制让生态领域诸多重点难点问题迎刃而解。

"你们看，这个水坑的水有些浑浊，不对劲。"前不久在递铺街道双河村一处废品收购加工点开展环保检查时，湖州市生态环境局安吉分局开发区中队执法队员章千里一眼看出端倪。

招呼大家上前，同行的安吉县水利局工作人员立即采集水样，县综合行政执法局工作人员对现场乱堆乱放情况进行记录，公安部门工作人员开始拍照取证。经现场采样化验，此处水质含铅浓度超标。公安部门随即开展立案侦查。

"以前由于不同部门间缺少联动，处置要花费较长时间。"章千里感慨，"告别'单打独斗'，加强部门联动，有效提升了对生态保护领域违法行为的整治效率。"

当月，双河村因生态环保问题在相关考核中被扣了分。一周后，递铺街道开展全域环境整治提升专项行动。街道办事处综合信息指挥室主任孙霞光说，"县里探索构建起以绿色GDP为主导的考核体系，生态文明建设工作占乡镇党政实绩考核比重的40%以上。"

近年来，安吉探索实行乡镇党政领导干部自然资源资产离任审计，全面落实生态环境保护"党政同责""一岗双责"等，以制度约束强化环境监管治理，扎实推进生态文明建设。

"18年来，我们坚定践行绿水青山就是金山银山理念，成就了安吉今天的'高颜值''高价值'。"湖州市委常委、安吉县委书记杨卫东说,将始终保持"生态立县"定力,让绿水青山变得更美,把金山银山做得更大。

《人民日报》(2023年12月08日 第13版)

中国海洋大学师生团队

16年，种下2万多亩"海底草原"

◎李 蕊

> 海草是由陆地植物演化到适应海洋环境的高等植物，对海洋生态保护起着重要作用。
>
> 16年来，中国海洋大学水产学院教授张沛东与团队成员在黄渤海修复养护海草床2万余亩，并建立起相对完整的温带海草床生态修复技术体系。

背上氧气瓶、戴好潜水镜，张沛东深吸一口气，身子一跃，"扑通"钻进了水里。

随着身体的下潜，水下的景象映入眼帘：海草随波摇曳，一簇簇、一团团，向远处延展；拨开草细细瞧，底下"宝贝"真不少，海螺、蟹、贝……张沛东拿着防水纸，观察一番，记下海草最新生长状况。

海草是由陆地植物演化到适应海洋环境的高等植物，一种或几种海草连片生长，共同形成广袤柔软的"海底草原"，即"海草床"。

在山东威海荣成市天鹅湖，中国海洋大学水产学院教授张沛东与团队成员用16年时间，在海底种植海草，保护海洋生态环境。

研究从何切入？

潜心调查，弄清楚海草的生长特性

2008年冬天，张沛东与同事一同赴天鹅湖海域调研。他们发现，昔日成百上千只大天鹅翩跹起舞的画面已然不见，寒风吹过，只有几十只大天鹅零零散散在觅食。

大天鹅为啥少了这么多？"老乡们说，因为鳗草少了。"张沛东解释，鳗草是温带海域广泛生长的一种海草，是大天鹅越冬的重要食物，对保护当地海洋生态起着重要作用。

上世纪70年代，为保护海洋渔业资源，当地将天鹅湖海域与外海相通的流口堵上，导致水体交换能力变差、水质下降，鳗草难以适应环境变化，大面积退化。后来，堵口拆除，海草床才开始自然恢复，但恢复速度极慢。

不光是天鹅湖海域。多地调研后，他们发现，当时我国温带近岸海域超过 80% 的海草床已经消失，浅海水域生物多样性正在下降。于是，他们决定带领学生"种草"，共同探索修复海草床生态系统。

"要想'种草'，前期得开展大量调查试验，弄清楚海草的生长特性，才能采取针对性措施。"张沛东说，光这个过程，他们用了 10 年。

在查阅大量文献的基础上，他们同步开展室内试验，"鳗草喜欢的温度、盐度、光照强度是多少，得通过一次次对比试验摸索出来。"团队成员李文涛说。

室内试验仅是辅助。"在自然海域，鳗草什么时候开花、结种？种子脱落后，又在什么时间萌发？……这些都要通过海区调查探清。"为此，张沛东与团队成员学会了潜水。"调查最大的难点是对鳗草认识不足，方法难以掌握，比如开花与温度等条件密切相关，去早了，还没开花；去晚了，花都开完了，常常错过最佳取样期。"他说。

怎么克服这些困难？团队成员扎根海畔，与渔民同吃同住，无论严寒酷暑，都坚持下海取样。冬季，海边寒气刺骨，可此时正是大天鹅来越冬的时候，也是观察海草的重要时期。"夜里潮水低，调查方便，我们常常凌晨出海，先凿开厚厚的冰，再下到冰冷刺骨的海水中取样。"张沛东笑道，虽然穿了加厚防护服，但还是难抵寒气。

历经 10 年潜心调查，团队对鳗草的认识逐渐清晰，厘清了生长特性、明确了生长环境，为后续修复工作打下坚实基础。

如何用低成本实现高质量修复？

因地制宜,"陆海接力"提高海草成活率

天鹅湖畔,一座小院坐落于此。门柱上的牌子,写着"山东荣成鳗草科技小院"。

屋内,桌上放着各种试验装置。几名学生蹲在地上,正在整理刚从天鹅湖取来的植株样本。

看似其貌不扬的科技小院,一头连着蔚蓝大海,一头连着高校科研——

2008年,同样致力于海洋生态修复的马山集团有限公司,在距天鹅湖不远处专门提供厂房、办公场所等,作为中国海洋大学师生团队的科研主场地。2022年,合作更进一步,中国海洋大学与马山集团有限公司共同在此成立科技小院。师生们从海里取完样,就能赶到小院,"趁热打铁"做试验。

"但是,前期毕竟是小规模试验,不太计较成本。接下来要进行大规模海区验证,看方案是否可行,能否找到低成本、高质量的修复办法。"张沛东说,经过一次次试验,团队最终保留3种主要修复手段。

有的海域由于人为等因素导致鳗草退化,他们就要像"医生"一样,"诊断"鳗草退化的原因,再有针对性地修复生境。"例如,有的池塘与海相连,多年前养虾、海参,里面有一些废弃网具,阻碍了海草生长,我们就要想办法撤掉网具,还鳗草自然恢复空间,这就是生境修复法。"张沛东说。

但是,靠自然恢复速度太慢,如何借助人工手段加快修复速度?

海草作为高等植物,繁殖方式与海洋中常见的藻类不同。"它既可以有性繁殖，通过播种种子的方法修复，又可以无性繁殖，通过移植植株的方法修复。"张沛东介绍。

播种法怎么播？在科技小院车间，可以看到鳗草种子保存池内浸泡着密密麻麻的种子，似一颗颗绿色麦仁。"鳗草种子在自然环境中留存率低，这些都是我们从不同海区人工采集来的。"张沛东从水中拎起一包种子，"种子整理后，可以通过人工播种的方式，投放到自然水域。"

相比陆地播种，海底作业难度大大提升。"海草种子很轻，撒进海里，会受水流冲击漂到岸边或者深水区，或者被动物吃掉，就没法萌发。"张沛东说，他们自创了麻袋装种、纱布包种和泥块裹种等播种方法，大大提高了种子成活率。

移植法怎么移？"如果从海底采集一株鳗草，再移植到需要修复的海床位置，一旦成功定植可能就会自然克隆出新的草床斑块，但这种方法带有一定未知性。"张沛东说，他们想到了"陆海接力"的办法——采集海草种子，人工育苗后再移植。

"人工育苗也有一大难点，就是种子萌发期太长。温带海草大部分都是顽拗型种子，种皮坚硬，成熟脱落后会进入很长的休眠期，从采集到萌发可能需要80多天。"李文涛说。

能否让种子在短时间内萌发？种子萌发池里，有一些长形花盆，盆中的泥土里，鳗草种子正在静静萌发。"促萌时用淡水，随着种子成长，水的盐度要一点点升高，成苗后让它慢慢适应海水盐度，再移栽到海底。"李文涛介绍，在种子萌发池中，自然环境中80多天才能萌发的鳗草种子，最快10天左右就能萌发。

边摸索边尝试，他们建立起相对完整的温带海草床生态修复技术体系。有了修复技术，是否意味着可以大面积验证使用？张沛东摇了摇头："修复要尊重科学、因地制宜。"

2022年，中国海洋大学师生团队牵头编制的行业标准《海草床建设技术规范》获农业农村部批准发布。这套技术规范专门提出了海草床生态修复选址应关注的主要因素和遵循的各项条件，描述了植株移植等建设方法，成为我国首个海草床生态修复技术行业标准，为规范并保障我国海草床生态修复工程提供了技术依据。

"种草"有什么新突破？
修复与利用"两条腿"走路

科技小院里有条白色小船，长约两尺，形似汽艇。仔细看，边角处有8个小孔。

这是张沛东指导学生彭立业研发的"无人播种船"。"以前，我们要去海里播撒种子，效率低，播撒不均匀，种子也容易粘连，利用率、成活率不高。"彭立业说，与老师一交流，他想到了陆地上的飞播，"在沙漠，人们会开飞机播种树苗，我们能不能研发一种到海里播种的机械？"

得到肯定后，彭立业开始研制无人播种船。"给种子包裹一层材料，避免粘连，同时增加重量，防止被冲走；设计小船时，参考自动投饵，通过8个气孔将种子喷出。"彭立业说，"使用时，人无需下海，站在岸边，遥控机器就能均匀播种。"

为了提高"种草"效率，团队老师时常鼓励年轻人要"大胆探索、勇于创新"。除了无人播种机，师生们还研制了具有自主知识产权的植株直播机、种子直播机、播种泥块制备机、夹苗机、苗绳移植机等海草床辅助修复设施，工作效率提升数倍。

在张沛东看来，目前海草床的修复不仅是技术、学科的融合，还要跟产业融合，实现保护修复与开发利用"两条腿"走路——

"未来，要试着把海草床的生态修复与固碳增汇、绿色生态牧场、高价值生态产品、渔旅文化等有机结合，实现生态效益与经济效益双赢。"张沛东说，除了固碳增汇，他们已经在一些修复海域尝试养殖海参和牡蛎。

截至目前，中国海洋大学师生团队已参与国内10多个海底生态修复项目，在黄渤海累计修复养护海草床2万余亩；天鹅湖海域四成以上的海草床已被修复，每年前来越冬的大天鹅最多时可达8000多只。

海底"种草"不易，许多人问张沛东："16年，你们靠什么坚持下来？"

张沛东说："一株株小草扎根、长大，为大海带来生机与希望，这不就是我们坚持的理由吗？"

《人民日报》（2024年07月08日　第14版）

赵云鹏团队

探寻银杏的秘密

◎窦瀚洋

> 在浙江大学,生命科学学院教授赵云鹏带领着一支研究银杏的团队。他们研究银杏这一古老树种的遗传多样性、建立银杏基因库、监测野生种群,从而探索如何更好保护银杏的基因、个体、种群,进而保护生物多样性。

正值银杏最美的季节。提起银杏，你会想到什么？扇形的叶片、金黄的颜色还是掉落的白果？

在浙江大学生命科学学院，一支研究团队多年来接力探寻关于银杏的秘密。这个由浙江大学生命科学学院教授赵云鹏领衔的课题组，围绕银杏等"活化石"树种的种群进化历史、生态响应、分布格局等，从实验室走向野外，并建起银杏基因库。

"原来动物才是银杏种子的'大自然搬运工'"

赵云鹏的微信头像是一片金黄的银杏叶，朋友圈背景是一棵生机勃勃的古银杏树。

"银杏的起源时间比恐龙还早，但它并没有灭绝，是名副其实的'活化石'。"赵云鹏说，在裸子植物纲银杏目里，如今只剩银杏一个种。

2000 年，时任浙江大学生命科学学院院长、从事植物分类学研究的中国科学院院士洪德元向生物科学系主任傅承新教授建议，一定要搞清楚银杏是否还有野生种群。傅承新教授从事植物系统进化和珍稀濒危植物保护遗传学等领域的研究，也是赵云鹏的老师。从那时起，几代科研人员开始了一场漫长的有关银杏种群进化的研究。

"银杏进化历史长达 2.7 亿年，经历多次地质灾难特别是第四纪冰川时期都幸存下来，能让它幸存下来的地方很重要，是现代银杏最古老的野生种群分布点。"赵云鹏说，从 2007 年起，他的脚步从浙江到重庆、贵州直至国外。

以前，赵云鹏在野外调查时喜欢一头扎进深山老林，靠观察寻找银杏分布点，后来因为一件事，他调整了调查策略。

银杏喜阳喜暖湿，大多生长在溪谷两侧。在探索银杏野外分布规律时，赵云鹏曾猜测银杏种子会随地势落差和溪流带动自上而下分布，"结果我们发现，下游并没有太多上游大树的后代，反而跨过山脊在山的另一边有不少。"

一次偶然的机会，附近群众和护林员提供了重要线索：他们看到松鼠啃食白果，还有果子狸在岩石上排泄出完整的带壳白果……结合分子标记和红外相机监测调查，赵云鹏发现果真如此。

"原来动物才是银杏种子的'大自然搬运工'。"赵云鹏恍然大悟。从那以后，他更加重视入户调查，有意识地与当地居民建立联络。赵云鹏的通讯录里，记满了多地农户、林户的联系方式。

"别说，有时多聊天还真有收获。"赵云鹏说，2019年在天目山国家级自然保护区调查时，听当地一位农家乐经营者提起，他父亲以前是林场工人，当年这里曾有两个银杏苗圃进行人工育苗。在他的带领下，团队找到了这批现已开花结实的银杏树。

"研究银杏的功能基因和遗传规律，需要同一家系至少三代树，而银杏一代从幼苗到首次结实就需要20年左右，时间跨度大。这批苗圃银杏树的重新发现，一下子为我们节省了两代树大约40年的培育时间，对研究银杏的基因和性状起到很大推动作用。"赵云鹏说。

至今，团队通过努力，不仅确认了银杏在我国东部天目山山脉和西南大娄山山脉东北端的两个幸存地，还发现了位于南岭山脉的第三个幸存地。

> "提前把工具打包快递到目的地，再也不用担心受工具物料限制影响采集"

2007 年，团队调查研究的银杏种群从之前的 10 个增加到 16 个；到了 2010 年，数量增加到 33 个；2019 年达到 51 个……

"一方面是研究的迫切性和研究手段的快速发展；另一方面，交通和通信快速发展、国家对科研支持力度持续加大，也促进了研究进展的加速。"赵云鹏说。

"举个例子，以前去外地调查，要携带大包小包的工具物料。"赵云鹏说，不仅有采集需要的高枝剪等，在当地建样方需要的绳子、钢筋、十字镐等，还有制作标本所需的标本夹、烘干机等，几乎人人背个大蛇皮袋，而现在可以轻装上阵了，"提前把工具打包快递到目的地，再也不用担心受工具物料限制影响采集。"

2015 年，团队和中国科学院植物研究所等合作，启动银杏基因组测序项目，由此打开了银杏研究的新领域。项目启动一年后，项目组顺利完成了银杏基因组草图，随后又选定 51 个种群的 545 棵代表性银杏树，进行基因组重测序。"从这 545 棵树中获得的数据量，有 44TB。"赵云鹏说。

如今，一个包含活体库、样本库和信息库的银杏基因库已建成。选定的 545 棵树、种质圃里来源各地的幼苗都纳入活体库；种子、DNA、标本等样品纳入样本库；各类型关联数据整理归类建成一个个信息库……基因库的数据库分步分级向全球科学家和公众公开，实现共享共建。

"20年来，不变的是对待学术和科研的态度与精神，改变的是科研思路和方式方法"

为了做好对银杏野生种群的监测与保护，从2019年起，赵云鹏团队开始在天目山银杏分布的3条沟谷里从低海拔到高海拔建起27个20米×20米大小的永久样地，对其中全部银杏树和每一棵胸径大于1厘米的木本植物进行定位、编号、测量、物种鉴定，并与浙江大学网络空间安全学院教授任奎合作，采用物联网技术、无线感知系统等手段，实现了对当地土壤、大气、气象等29项指标的远程实时监测。2022年，位于贵州省务川仡佬族苗族自治县的永久样地也建成了。

建起永久样地，意味着需要长期持续地观察。不管早期找寻野生种群，还是如今定点监测保护，赵云鹏每年都要往返多地，他带领的团队中，除了他自己带的研究生，还有不少是通过招募参与进来、对野外生态学感兴趣的本科生。

"我们的野外工作总结起来就两种：一是'外业'，白天在野外工作；二是'内业'，晚上在室内工作。"赵云鹏说。

早上8点上山，一待就是一天，不仅要跋山涉水，还要精准地找到每棵树。"外业"结束回到营地，还要搞"内业"。一方面要及时整理当天野外调查数据，包括样方概况、每棵树的信息、草本灌木信息等，样本的各种性状参数等也要测量记录；另一方面白天采集的样本还要及时处理，比如用硅胶干燥新鲜叶片作DNA样品、压制标本、过筛和冷冻土壤样品等，有时还要根据实验需要对叶片、枝条进行烘干、液氮冷冻……

"银杏研究团队从最初师出同门的6位同学，发展到后来我指导的 12 位研究生，再到如今包括浙江大学在内的 26 所高校的 200 余位志愿者。"赵云鹏说，"20 年来，不变的是对待学术和科研的态度与精神，改变的是科研思路和方式方法，现在的年轻人思维活跃、敢于表达。在课堂上、野外调研中，他们总能大胆质疑，做科研就是需要这样的精神。"

赵云鹏说，只有研究透彻才能更好保护银杏的基因、个体、种群、生态系统及文化，进而保护生物多样性。在他看来，通过研究银杏的基因多样性，可以了解自然演变延续的历程，研究其周边生态环境，探索大自然变化的奥秘。

研究银杏，又不止于银杏。科研之路，总有不少新的启发与收获。

《人民日报》（2024 年 11 月 07 日　第 14 版）

四川雅安芦山县国有林场

圆叶玉兰"回归"记

◎ 游 仪

> 圆叶玉兰是国家二级重点保护野生植物。2013年芦山地震后,四川雅安芦山县国有林场开展珍稀动植物野外调查,发现了圆叶玉兰。为了保护这一珍稀物种,林场开展圆叶玉兰拯救保护与人工繁育工作。经过10余年不懈努力,当地圆叶玉兰野外种群数量不断增长。

半山腰，云雾处，一片苗圃，满眼翠绿。

一大早，四川雅安芦山县国有林场（以下简称"芦山林场"）场长陈然就往林场赶。"养了八九年喽，眼看着它们一点点发芽长大，现在最高的那株已经比我个头高了。"陈然指着芦山林场人工种苗基地里的圆叶玉兰说。

圆叶玉兰是国家二级重点保护野生植物，2013年芦山地震后，生存状况一度堪忧。为了保护这一珍稀物种，2015年，芦山林场启动圆叶玉兰拯救保护与人工繁育工作。从摸着石头过河到蹚出一条大路，截至目前，芦山林场共培育出人工种苗200余株，其中150多株成功回归至适宜生境。

拯救

翻山越岭开展就地保护

圆叶玉兰花形硕大，在四川中部和北部的高海拔山区有零星分布。"2013年芦山地震后，我们开展了珍稀动植物野外调查，在芦山县大川镇北部山区找到了这一珍稀植物，足有400多株。"头一回见到圆叶玉兰的场景，陈然记忆犹新。

峡谷间、密林旁，大片圆叶玉兰倚沟而生。受地震影响，部分圆叶玉兰被掩埋，不少枝干被拦腰折断。"长势也不好，枝叶还矮小，周边乔木太多，圆叶玉兰竞争不过，晒不着太阳，有时还会面临野生动物威胁。"芦山林场副场长汪绍华补充。

拯救，刻不容缓。林场做的第一件事，是开展就地保护。

由于塌方，部分圆叶玉兰根茎裸露，护林员赶紧找石块垒成墙，挡住露出的植物根茎，减少水土流失；刮风下雨，经水冲刷，圆叶玉兰周边的土壤被带走，留下一层薄土，生长难以维系，工作人员当即覆土，确保植物稳固。通过持续采取生境恢复与改善措施，近年来，芦山林场修复受损林地2500余亩，修筑堡坎300多处，覆土植株73株。

摸清家底也很关键。陈然带着同事一起，翻山越岭、细致调查，确定了芦山县圆叶玉兰的数量及分布情况，摸清了圆叶玉兰分布区的土壤类型、圆叶玉兰的生境与生长状况，编制了"芦山县圆叶玉兰极小种群资源分布详细调查表"。

在调查基础上，他们对圆叶玉兰进行归档、挂牌及编号。紧接着，在分布区设置界牌、界桩，对圆叶玉兰集中分布区的四至范围进行确认。"为了防止人为及野生动物破坏，我们在植物集中分布区域修筑了总长9200多米的围栏。"汪绍华介绍。此外，他们还在圆叶玉兰的分布点设置了100多个宣传牌，增进人们对这一珍稀物种的了解。

就地保护促进了受损圆叶玉兰的恢复，保存了圆叶玉兰种群数量，并为圆叶玉兰种群的繁殖扩大提供了更多可能。

培育

轮番试验探索繁育新路

去年4月，在芦山林场低海拔人工种苗基地里，开出了首朵圆叶玉兰花，这让大家惊喜不已。陈然拍下照片发到朋友圈："里程碑——圆叶玉兰人工培养苗，低海拔开出的第一朵花。"

"从嫁接到扦插，再到种子育苗，这些年，为了人工培育圆叶玉兰，我们尝试了各种方法。"陈然坦言，拯救珍稀植物还是得扩大种群规模，丰富遗传多样性，进而提升其野外生存能力。

起初，林场打算在圆叶玉兰原生境开展培育。然而，工作人员在山上搭帐篷住了一年，扦插和嫁接培育并未成功。

其实，受自然环境影响，在原生境，种子不易萌发。为开展野生圆叶玉兰从高海拔向低海拔地区迁移的工作，陈然琢磨换个思路——在县城周边低海拔区域建个苗圃，通过调控温度、湿度和土壤，模拟圆叶玉兰的生存条件。

土质不同，他们就搬来圆叶玉兰原生境的土壤，尽量减少变量。新苗圃温度高，护林员就拉上遮阳网，避光隔热，控制温度。靠着"笨办法"，芦山林场在罗纯岗森林管护点前的一块空地上搭建起低海拔人工种苗基地。"在海拔约1000米的地方，尽可能还原其海拔2000多米的原生环境，为的是让圆叶玉兰逐步适应低海拔的环境。"陈然说。

每年清明前后，芦山林场工作人员会抛撒从原生境采来的圆叶玉兰种子。10年前撒下的第一批上万颗种子，最终存活下来的幼苗不足百株。哪怕用了冷藏、沙藏等方法提前处理种子，能活下来的仍是少数。

"这片山区一共就400多株圆叶玉兰，每次培育失败我们都很心疼。"汪绍华说，通过研究，他们发现种子育苗的成功率最高。很快，他们便开展对照实验，对比浇水、施肥等人工干预对圆叶玉兰生长的影响。

如今，在林场工作人员悉心呵护下，一株株嫩芽破土而出，向上生长，第一批苗的主干直径达到约5厘米。基地中第一朵圆叶玉兰开花时，大伙别提有多开心。"从花骨朵开始我就在期待了，一天要去看好几回,不同时间、各种角度的照片都有。"翻看手机相册里的圆叶玉兰,护林员魏先兵笑着说。

守护
技术加持助力种苗回归

"每年秋天,我们都会到圆叶玉兰原生地采种,为第二年的播种做准备。"魏先兵介绍,"圆叶玉兰散在各处,我们忙活半天可能才收获一小袋果实。"

目前,原生境的圆叶玉兰中,除野生外,还有150多株人工培育出的种苗,两个稳定的人工种群已然建立。"2022年和2023年,我们先后两次将人工培育苗移回原生地,在实现基因多样化的同时,不断丰富其野外种群的数量。"汪绍华介绍,工作人员还会通过红外线相机监测回归后的圆叶玉兰,定期巡山,观察长势。

10余年探索,面对圆叶玉兰,芦山林场经验丰富。但种子发芽率低一直困扰他们。"圆叶玉兰休眠期长,前一年播的种,才发了5株。"汪绍华说,找到加速圆叶玉兰种子破土的办法迫在眉睫。

为了找到解决办法,四川省林业科学研究院研究员马文宝来到基地,将新采的种子带了一些回去,打算在实验室里培育。

经过生态修复和人工培育移植,10余年的不懈努力让当地圆叶玉兰野外数量突破550株。

《人民日报》(2025年04月07日 第13版)

河北丰宁千松坝林场

20多年，种出又一个塞罕坝

◎ 张腾扬

> 千松坝林场位于河北承德市丰宁满族自治县，成立20多年来，林场建设者们通过推广林草间作、林牧结合等多种模式，完成造林工程逾百万亩。在保护生态环境的同时，也带动了当地百姓增收致富。

阳春时节，位于河北承德市丰宁满族自治县的千松坝林场，草木初发，为连绵的群山和广袤的原野添上一抹绿意。

林间小路蜿蜒起伏，一条河潺潺流过山谷，河道宽十数米。

"这条河叫什么名字？"记者问了周边好几名村民，没有人知道。"河道近些年才有水，过去是沙土、石头。"一名村民说。

查手机地图发现，这条河竟是潮河上游支流，最终流向北京。与塞罕坝一样，千松坝位于北京、天津与浑善达克沙地之间。上世纪，因过度砍伐、过度放牧等原因，这里的土地一度沙化严重。

为了治理沙化，1999年，河北在张家口、承德两地启动"再造三个塞罕坝林场"项目建设工程，千松坝林场就是其中之一。

20多年来，千松坝林场累计实施工程造林超过116万亩，治理荒漠化、沙化面积近150万亩。百万亩林海形成完整的生态系统，构筑起京津北部坚实的绿色生态屏障，也改善了周边生态环境，带动百姓致富增收。

股份制造林模式，实行共造、共管、共营

"上世纪90年代，沙尘从春刮到冬。"丰宁县小坝子乡富二营村村民孙建宁说。

1999年秋天，一支由13个人组成的先遣队来到丰宁县大滩镇，打响千松坝造林的"首场战役"。

"山里坡陡，过去造林全程靠人扛马拉。随着道路交通完善，如今我们用拖拉机、卡车沿着山路将树苗运到山坡脚下，省了不少事。特别是近年来，还用上了无人机，可以吊着树苗送到坑旁。"千松坝林场生产科科长陶世杰说。

然而，真正的困难，是千松坝林场没有自己所属的地块用于造林。

"千松坝的生态治理区与人类居住区'犬牙交错'，项目区的荒山荒坡都是各乡村集体用地，或是国有林场和国有牧场。"千松坝林场场长何树臣说。

当地自然条件较差，百姓以畜牧业为生。而千松坝林场造林，要把一部分集体或个人承包的荒地荒坡空出来，不再放牧养殖，一些村民、牧民反对："项目区内禁牧，我们的收入岂不是要下降？"

何树臣回忆，当时市县有关部门和乡镇帮助林场协调地块，与林场职工一道，给项目区所在地的群众做工作，分析利害关系：一方面，过度放牧会导致草场退化，牛羊"挂不住膘"，羊不肥、牛不壮；另一方面，植树造林能改善生态环境和群众生活，树长起来了、草场多了，将来还能发展旅游业。

老百姓还有担忧：植树成林要好多年，种不活怎么办？"林场出台了一系列举措，带动村民参与造林、护林、营林，村民参与种树可以挣钱，后期管护工作交给当地，林木长成后收益按比例分成……大家逐渐开始支持造林。"何树臣介绍。

千松坝林场逐渐形成股份制造林模式，即农民、村集体、国有林场和国有牧场出地，千松坝林场通过争取项目与其合作造林，双方实行共造、共管、共营。收益双方按比例分配，千松坝林场占20%左右股份，国有林场和国有牧场、村集体、农民占80%左右股份。

通过这种模式，20多年来，千松坝林场在滦河、潮河源头所在的丰宁坝上和接坝地区，逐步绿化了9个乡镇约4000平方公里范围，共完成工程造林116.09万亩。

建立联保责任体制，水土流失得到有效遏制

小坝子乡沙坨子村村民于喜家门前有两座山，过去一直是荒山，阻挡了外出通道，还带来很多烦恼，"晴天飞沙走石，雨天水土流失，成了一道道水沟。"于喜说。

2013年，千松坝林场开始对沙坨子村荒山荒坡植树造林，于喜和妻子多了份新营生——种树。"我和老伴每人每天赚150元，就在我家门前和周边大山上种油松、杏树，荒坡一点点变绿，收入也多了。"于喜说。

除了种树，于喜还有新任务：管护4000多亩造林地块。"林子成活后，后续管护工作交给所在地乡镇和群众，林场做好技术指导。"何树臣说。

这几年，于喜一有空便骑着摩托车，沿着山路一道梁一道梁地巡护。"看到哪里围栏坏了，就通知林场维修，遇到有人穿过围栏放牛放羊，就阻拦。"于喜说，每年防火期，他都驻守进山路上的检查站，"森林管护和防火工作，每年能稳定收入1.6万元。"

林场实行护林员、林长、执法队长、分场长四级联保责任体制，严格控制项目区内开山取土取石、毁林垦荒、非法放牧等行为；建起林场、乡镇、村、森林公安四级护林防火执法联动体系，强化全员、全区域、全天候的护林、防火、执法管护机制。

如今，沙坨子村当年栽种的树苗初长成林。"山上多栽树，等于修水库。雨多它能吞，雨少它能吐。"何树臣说，林场植树造林以来，项目区沙化及水土流失面积减少近150万亩。

立足当地绿色优势，发展乡村旅游

驱车穿越千松坝国家森林公园山间小路，目之所及，云杉、白桦、落叶松、山杨等林木挺拔、错落有致。

2013年开始，千松坝林场在大滩镇小北沟村荒山上植树造林，生态环境的改善，带动了旅游、餐饮、民宿等发展。

在小北沟村，山坡上矗立着一家帐篷酒店。酒店房间就是一座座可移动帐篷，巧妙融入林海、草原、湖泊的自然景致之中。

"躺在大草原的山坡上，仰望云卷云舒，眺望远处林海，好不惬意。"北京游客李雪莹说。

"我们在开发过程中，没有对山坡进行大规模硬化或建设基础设施，仅铺设了一条石子路。帐篷设备可拆卸、可移动，减少对原始地貌的破坏，保持了自然景观的原汁原味。"酒店负责人周航介绍。帐篷酒店每年不仅能为村集体和当地百姓带来租金收入，还带动近40人就业。

"发展乡村旅游，依托的是这里得天独厚的原始次生林、人工林以及草原风光。通过合理开发与利用，我们既保护了环境，又带动了地方发展。"小北沟村党支部书记于存永说，10年来，小北沟村酒店、民宿、农家乐从4家发展到48家，每年接待客人超10万人次。

在项目实施过程中，千松坝林场立足绿色优势，在造林项目区外适度促进森林周边旅游项目开发，发展林下经济，加强森林经营。目前，林场造林项目为农民直接增收累计2.1亿元。同时，山清水秀的生态环境加快了乡村旅游产业发展，项目区周边新建规模度假区5处，扶持旅游专业村10个。

《人民日报》（2025年04月09日 第14版）